聖母文庫

エディット・シュタインと読む聖書
女性の観点からみ言葉を聞く鍵

Francisco Javier Sancho Fermín,ocd
フランシスコ・ハビエル・サンチョ・フェルミンocd
伊達カルメル会 訳

聖母の騎士社

La Biblia con ojos de mujer

Edith Stein
y sus claves para escuchar la Palabra

por

Francisco Javier Sancho Fermín

Editorial Monte Carmelo
Burgos, España

1ª Edición: Julio 2001
2ª Reimpresión: Noviembre 2011
3ª Reimpresión: Julio 2014

目次

日本語版によせて

この作品が日本語に翻訳されたことは、私にとってとても大きな喜びです。エディット・シュタインが私たちに伝えるメッセージは大変現代性に富み、現状の中で私たちの信仰を生きるための励みとなり得ると心から信じています。

私はいつも日本の文化や人々に敬意を抱いてきました。そして、特に、少数ながらも日本のキリスト教徒は、イエスへの深い信仰を生き、民族の歴史に寄り添い続ける神の愛を証ししていることに感嘆しています。

この本が、その証となり生きた信仰を養うために役立つことを、そして何よりも、この本を読まれる信徒の方にも信徒でない方にも励ましとなるように切に願っております。エディット・シュタインは、二度の世界大戦に見舞われ、人類の歴史の中で最も矛盾に満ちた時代に生きた女性です。しかし、イエス・キリストへの信仰と人間の善意を信じることによって彼女は支えられ、多くの困難の中にあっても、その信念は揺らぐことはありませんでした。

アウシュビッツのガス室での彼女の殉教は人生においてどんな困難や予期せぬ出来事があろうと、神は決して私たちを見捨てず、いつもそのみ手で私たちを導いてくださることを意味しているのです。エディット・シュタインから私たちは次のことを学びます。

「神はわたしの将来をすべてご存じです。ですから私は何の心配もする必要はないのです。」

そして最後に感謝の言葉を捧げます。まず第一に、この本を出版することによって、日本人の心の中に入ることを許してくださった神に、日本の跣足カルメル会の皆さまに、特に北海道の伊達跣足カルメル会姉妹たちの友愛と親しさに、翻訳のために細心の注意をもって努力と時間を捧げてくださった松岡順子さんと安場由さんに、両氏の献身無くしてこの作品は日の目を見ることはなかったでしょう。そしてテレサ姉妹（セビーリヤ跣足カルメル会修道院の日本人姉妹）に感謝の気持ちを表します。彼女は、日本への初めての扉を私に開いて下さった方であり又、本書の翻訳にもご協力いただきました。終わりに、読者であるあなたに感謝します。この本を読んでくださるあなたがいらしてこそ、この本はあるのですから。本書が、あなたの人生において神の存在をより意識的に、より喜びを持って生きるための一助となることを祈ります。

フランシスコ・ハビエル・サンチョ・フェルミン ocd

アビラ、二〇二三年二月十四日

推薦のことば

ノートルダム・ド・ヴィ会員
上智大学神学部教授
片山はるひ

本書『エディット・シュタインと読む聖書、女性の観点からみ言を聞く鍵』は、すでに翻訳・出版されたハビエル・サンチョ神父の『地上の天国、三位一体のエリザベットの秘密』、『イエスの聖テレサと共に祈る』に続き、カルメル会の霊性を紹介する第三冊目となります。

伊達カルメル会のシスターから本書の紹介を頼まれて、原稿を読ませていただきましたが、まずその内容の豊かさと深さに心打たれました。エディット・シュタインについては、その生涯についての著作は読んでおりましたが、彼女が聖書をどのように読んだのか、という内容は非常に興味深く、多くの方々に光を与える内容の本であると思いました。

本書を貫いているエディットの聖書理解は、聖書を単なるテクストとして客観的に分析するのではなく、常に自分自身の個人史、そして彼女の生きた社会・政治的状況と重ねて読み解いていく手法です。その基盤には、彼女が「感情移入」と呼ぶ、聖書解釈の方法があります。これは、彼女がフッサールの現象学から学んだ手法をもとに、発展させた方法です。それは、聖書の文字の上っ面ではなく、内面へと入り込み、その意味を生きることによって自分のものとし、ついには聖化されてゆくための方法です。

第七章でエディットが自分を王妃エステルと重ねてその使命を理解し、ナチズムをヨハネ黙示録で描かれたキリストと反キリストの戦いとして捉えている箇所は、混迷の時代である現代を読み解く鍵を与えてくれます。20世紀の最も暗い闇を生きながらも、黙示録の根本的メッセージ、神の慰めと希望に生き、自らキリストにならって十字架を生き抜いたエディットの姿からは勇気と励ましを与えられます。

単なる釈義に終始する不毛な聖書学が、多くの信徒の信仰を枯れさせたのとは対照的にこの「感情移入」による聖書理解は、聖書を生きたものとし、信徒の霊性を育む上で貴重な助けとなるように思います。

もう一つの大きなテーマは、エディットによる聖書の人間学的解釈です。「神の似姿」である人間とは、どのような存在であるのか、について彼女はその広範な知識と深い霊性による解釈を展開しています。

そして彼女の聖書に基づく「女性論」は特に注目に値する部分です。この第五章で、エディットは旧約聖書の創世記を丹念に読み解き、そこに新たな意味を見いだしてゆきます。女性は単なる男性の「ヘルパー」ではなく、相補い合う「パートナー」であり、「助け手」でさえあることは、とかくネガティブに読まれがちな人間創造の箇所に光りを与える解釈であると思います。

「母性」を単なる身体性ではなく、「霊的母性」と広く捉え、新しいエバであるマリアをそのモデルとして示すことは伝統的な解釈でもありますが、エディットはその伝統に新たな側面を加えています。

性をめぐる人間理解は、現在、ジェンダー論やＬＧＢＴＱの問題で最も論議されている分野です。単なる男性優位論から性差を全く考慮しないような極端なジェンダー論に至るまで、カトリックの教えにおいてもこの問題についてどのように考えるべきかを知るのは、決して容易なことではありません。エディットの思想にも、その時代の持つ限界がないわけではありませんが、聖書の人間論から展開する女性論は、性の問題についての根本的な示唆を与えてくれるように思います。

このような著作を日本人にも届くようにと翻訳と出版の企画の労を執って下さった伊達カルメル会のシスター方に心からの感謝を申し上げます。そして、この本がとかく悲劇的な最後のみが強調されがちなエディットの別の魅力を伝え、読者の方々の霊的生活の糧となりますことを心より願っております。

序文

「初めに言《ことば》があった。言《ことば》は神と共にあった。言《ことば》は神であった…　いまだかつて、神を見た者はいない。父のふところにいる独り子である神、この方が神を示されたのである。」
（ヨハネ1・1、18）

ヨハネ福音書の冒頭にあるこの箇所は、私たちが本書を掘り下げていく過程においてダイナミズムを与えてくれます。キリスト者として信念を持って生きている者は、神秘に富み、光りを放つこの「ことば」が持つ意味を直感的に感じとることができます。キリストは父なる神の唯一完全な言《ことば》なのです。十字架の聖ヨハネも言っているようにキリストによって神は全てを示され、この言《ことば》に私たちは全ての答えを見出します。キリストを通して私たちは御父を知ります。キリストは神の仲介者であり、秘義に近づくための唯一のカギです。聖書はキリスト者の命の書なのです。

本書を通してみられるように、エディット・シュタインは上記の「言《ことば》」に基づいて自らの人生を構築しました。彼女はみ言に自分の人生の基盤を置き、そこに人間も科学も説明し得ないものを認識するために必要なその光を探しました。そして、求めていたものをその光の中で生かすことができ、それを人々に伝えることができることも認識していきました。多くのそして様々な理由から殉教者であり、ヨーロッパの守護聖人であるこの女性は、聖書を彼女独自の方法で読み、それを自らの人生と教義に取り入れることによって、私たちにもっと何かを教えてくれる経験に裏付けされた「ことば」を持っているのです。

本書は聖書解釈本ではなく、ましてエディット・シュタインの聖書に関するパノラマを徹底的に追及するものではありません。読者はこの本を読んでいくうちに私が統一された方法論に添って書き進んでいるのではないということに気付かれるでしょう。各章ごとに個別のテーマが織り込まれています。アナロジーに基づいた方法論を使っているところもあれば、エディットのメッセージや結論がより明白になるように解説的な方法を取っているところもあります。最後に、その他の章では、聖書の教えを引用しながらエディット・シュタインの教義の主要なテーマをいくつか演繹法で取り上げています。本書を執筆するにあたり、当然のことながら彼女の人生並びにその思想に忠実であることは常に心掛けてきました。

本書がシュタイン研究の範疇において非常に目新しいものであることは承知しています。少なくとも私の知っている限りでは、この種のテーマの研究はまだ無いと思いますが、「新しさ」は「終着点」ではありません。それはただ、聖人で魅力的なこの女性の非常に豊かな、けれどまだあまり知られていない思想を示す研究の始まりに過ぎないのです。

読者がいくらかでも聖書により近づくために、そしてエディット・シュタインが私たちにもたらしてくれる直観力によって、ためらうことなく神の言葉に向き合うもっと「楽しい」、体験的な方法を見出すために本書が役立てば大変うれしく思います。

最後に私が執筆中にその時々に前に進む力を与えてくださった神に、私が暗闇に入り込んだとき光を射してくれたエディットに、この本を書き終えるまで励まし続けてくれた両親、兄弟、友人の皆様に深く感謝します。特にロムロ・クアルタス師に、彼の聖書の知識、惜しみない協力、助言なくしてはこの本は脱稿する事が出来なかったことを記し、心から感謝申し上げます。最後に読者の方々、実に皆さまが私にこの本を執筆する意義と勇気を与えてくださっていることを特筆したく思います。

一章　救済史としての伝記

ゆるぎない信念をもってキリストに従ってきた人々は、救済の秘義が自分たちのうちに実現されるままにまかせました。歴史はすべての人にとって同じものではありませんが、神の救いの計画を示す、そして聖書に見事に反映されている座標は、神学的意味において神の恩寵に自らを開いたすべての人のうちに繰り返されます。

エディット・シュタインのうちではこの類似はある意義を持ち、旧い人から新しい人への移行というだけでなく、無神論という荒野の体験を経ながら真理を探究し、ユダヤ教からキリスト教に改宗したのです。この意味で、彼女には聖書に語られている救いの過程との明らかな類似を見出すことができます。それは人間の存在意義についての理解不能による長年の不毛と流浪での探求を経て、旧い契約から〝真理〟として待ち望まれたメシアであるキリストのペルソナのうちに受肉された新しい契約への出会いのプロセスでした。

これらの座標をもとに、どんな場合にも決して単に寓意的であったり妥協的であったりすることなしに、簡単にエディット・シュタインの伝記を紹介してみたいと思います。

1 選ばれた民の娘

「一年に一度、最も偉大な日、最も聖なる日、すなわち贖罪日に大祭司は主の御前にて自分自身、一族、そしてイスラエルのすべての人々のために贖いの祈りをささげるために至聖所へ入り、清められた雄牛と雄山羊の血を贖いの座のほうに振りまきます。こうして『自分自身と一族、そしてイスラエルの人々すべて』[1]の罪と背きによる汚れから祭壇が清められるのです」[2]。エディット・シュタインは旧約聖書のユダヤ人がどのように贖罪の祭日を祝ったかをこのように述べています。今日でも形式こそ異なりますが、神に忠実なユダヤ民族の間では同じ意味を持った贖罪の祭儀が行われています。彼女はまさに一八九一年のこの祝日、十月十二日に誕生しました。エディットの母親はこの偶然の一致に、娘が何か特別なものへと呼ばれているしるしであると感じましたが、この時もそしてその後もエディットがユダヤの人々の救済のために犠牲の「雄山羊」の役を引き受けることになろうとは思いもよらずまた理解すらできませんでした。

今日、エディット・シュタインの生涯の神秘はまさしく救済史に当てはまっているように読み取れます。エディットのたどった人生は、救いの歴史が人間一人ひとりの中で今も継続して実現しているというしるしであり、私たちが古い人を脱ぎ捨て、イエス・キリストにおいて新しい人を身に着けるように呼ばれていることのしるしであり（エフェ4・24）、約束の地で自由の身となるためにエジプトの奴隷の身分を捨てるようにと呼ばれているしるしであり、旧い契約から新しい契約へと移るしるしでもあります（ガラ4・21－31）。

2　家父長制から家母長制へ

エディットの家族はブレスラウに住む伝統的なユダヤ人でした。材木商を営んでいた父親はエディットが二歳にならないうちに亡くなり、母親は七人の子供を育て、夫が残した商売を引き継いだ強い女性でした。幼いころからこのような状況下で育ったエディットは、女性に対する考え方に大きな影響をうけました。確かに彼女は、旧約聖書に現れる理想の女性を完璧に体現した「強い女性」(3)を自分自身の母親に見たのです。後年この理想について次のように記しています。

「イスラエルでは子の母親であるということは名誉なことであり称賛されることです…　『主は子のない女にも喜びを与え』と詩篇作者が歌って神の恵みを証しているように（詩113）、ここに妻としてのそして母親としての家庭における女性の高い地位が見て取れます。その評判は家庭の外にまで及び、貧しい人々に手を差し伸べ、人の心は彼女に信頼を寄せます。大人になった子供たちは彼女を大切にし、その助言を聞きます。彼女の口は知恵を語り、言葉は優しさに包まれています。その彼女の賢明な行動やあらゆる成功の鍵はここにあるのです。旧約聖書の伝統がいくらかでも残っているユダヤ人の家庭では、女性は女王のような地位を占めているのです」(4)。

ここにあたかもエディットの母親を写し出したような人物像が浮かび上がってきますが、しかしながら夫がいない場合には聖書が語るこの理想を容易に当てはめることはできませんでした。未亡人という立場は昔ながらにユダヤ女性の心に不安定な気持ちをもたらしましたが、その根底にあるのは女性のプロフェッショナルな分野への進出が認められなかったことにあります。エディットの母親は夫の死後、まさにこの流れに逆らって行動を起こし、母親としての責任を放棄することなく、亡くなった父親の分まで立派にその役割を引き受けました。後にエディットが展開させていった女性論の基盤がここにあるのは明らかです。

彼女が幼少のころ、旧約聖書へのつながりはほとんど家族間や祝祭に関するものに限られていました。というのも女児であることからシナゴーグでの礼拝に参加することもなく、教理の養成も受けることはなかったのです[5]。六歳になって学校に通い始めると、彼女の際立った能力や機敏さが目立つようになってきました。読書がいくらか彼女の喜びとなっていきましたが、彼女は「良い成績を収めるよりも、善良になることの方が大切であること」を知っていました。幼いエディットは成長していき、もはや与えられることだけで満足することはありませんでした。内面的には生きる意味とは何かを問い続けました。家庭での宗教的伝統、慣習も彼女の心を満たすことはなく、実存的思考性を帯びてきた彼女は、学校でも自分が提起する問題には満足のいく答えを見出すことはありませんでした。彼女は生きる意味をもっと知りたいと自分自身に問いかけ、その答えを求め続けました。そのようなときに自死をした近親者の二つの葬儀に出席し、家族の伝統的ユダヤ教の神とは何か、生きる意味は何かという信仰への疑問が生じました。

「ラビは葬儀の祈りを唱えはじめました…暫くして厳かな響きわたる声で『肉体は塵と化し、神によって与えられた霊魂はそのもとに帰る』と。しかしながらこの祈りの背後には、永遠の命に関しても、死後にある再会に関する信仰も存在していませんでした…これは肉体の滅びを冷静な目で見ることも受け入れることもできないことと、永遠の命についての乏しい概念が関係しているのだと思います。死後の永遠の命は信仰のドグマではありません。あらゆる精神力と努力は、今この時点に焦点が当てられているのです。更に信仰心はこの人生の救いに向けられているのです。ユダヤ人は不屈で努力家で根気強く長きにわたって窮乏に耐えうることができます。ですがこれは自らの視野の中に努力の終着点となるものが存在しているときであり、その目的が失われると一気に気力がなくなります。人生が意味のないものに思われ、容易に全てを拒絶するようになるのです」(6)。

3 荒れ野の道

エディットは、内面的落胆から一切の放棄を決断します。母は、彼女が気を紛らわすようにと、ハンブルグに夫、子供一人と住んでいた姉のエルサのところに手伝いに行かせます。そこでの数か月の生活で彼女は変わり、信仰を捨てました。代わって宗教的伝統と社会問題に対し批判的精神が芽生え、人間の存在とその意味に関する問いで彼女の頭は一杯になりました。難しい道に入りこんだことを自覚し、その解決は自分自身で探さなければならないことは分かっていました。そのような中でも自分が拠り所とする道がどこかで見つかるという希望を失うことはありませんでした。勿論この時は、砂漠を乗り越えた後に何が待ち構えているかは知るよしもなく、感じ取ることもありませんでしたが。

彼女は再び故郷に戻りました。自らが探求している道を進んでいかなければならないことも、そして腕を組んで静観していることもできないことは分かっていました。大学への入学準備のため学業に復帰し、高等学校に入る準備をしました。難なくその課程を修め、一九一一年に大学への入学資格を得ました。大学での進路の選択にあたっては逡巡しましたが、「私たちは全人類に仕えるためにこの世に生きているのだ」[7]という自らが抱く信念を基準としていました。

エディットはブレスラウ大学に入学し、専攻課程として個人的関心のあった心理学、哲学、歴史、ドイツ学研究を選択しました。と同時に、学業を補足するために教育改革と女性の平等権の主張に関連するいくつかのグループに参加しました。当大学での二年間が過ぎたころには専攻していた学業に満足ができず、人間の行動を分析することに終始する機械的で魂を欠いた心理学以外のものを学ぶ必要性を感じました。そのような時、フッサールの「論理学研究」を読んでいると、この新しい道がどこかへ導いてくれるかもしれないと直感し、教授のいるゲッティンゲンで哲学の研究を続けようと決意しました。

4 荒れ野でマナによって救われる

エディット・シュタインが大学で心理学と哲学を修めようと思ったのは、人間の本質と存在に関する問いへの答えを見つけることにありました。しかし、心理学では自らの探求心が満たされないとわかり、フッサールの現象学に取り組む決意を固めました。そのことによって、荒れ野で飢えることが無いようにとマナが与えられたように一連のしるしと励ましを受け、ここから真理探究の道へとひたすら邁進したのです。それはあたかも暗闇の中に一つの星が現れ、気付かぬうちに彼女を真理へと導いていったかのようです。

「幼子の飼い葉桶の前にいる東方の三賢人は、神を探し求める全ての人の代表なのです。まだ見える形での教会に属してはいませんでしたが、彼らは神の恩寵に導かれていたのです。彼らには教義や特別な伝統に縛られない真理に到達したいという純粋な願望がありました。**神は真理であり、純粋な心で神を求めている人々にご自分を現わすことを望んでおられます。**遅かれ早かれ、賢人たちを真理の道へと導くために星は現れなければならなかったのです。ですから彼らは人となった真理を前にして跪き、その足元に冠を脱いで置きます。この世のどんな宝も真理に比べれば塵でしかないのです」[8]。

エディットが最初に現象学で学んだことは、すべての偏見から自分自身を切り離し、あらゆる可能な合理主義の幻影をのりこえて、あるがままの現実を受け止めることでした。ゲッティンゲンに着いて間もなく、哲学者マックス・シェラーの講演会が現象学サークルで開催されました。聖なるものの本質について述べる彼の誠実さに、宗教的なことに心を閉ざしていたエディットの殻は打ち破られました。

一九一四年、第一次世界大戦が勃発し、彼女は学友たちと同じように、そして、祖国のために奉仕をしたいとボランティア活動の道を探していました。赤十字に志願し、一、二か月の看護師訓練の後にオーストリアの野戦病院で働きました。ここで過ごした数か月は彼女にとって人間性の試練の時となり、人間というものの本性に対する完全な一つの答えに出会いたいという気持ちがつのってきました。奉仕期間を終わると故郷に戻りラテン語の代用教員をしながら、中断していた博士論文の準備を進めました。一九一六年八月三日、フライブルグ大学より最優秀の評価をもって哲学博士号を授与されます。その後二年間フッサールの助手としてつとめました。

内面的には心の渇きに重大な転機が訪れていました。日々キリストの存在が彼女の心を占めていき、たまたま遭遇したいくつかの小さな出来事が次第に彼女をキリスト教肯定へと近づけていきました。例えばフランクフルトのカテドラルで、一人のつつましい女性が彼女の神様と話をするために入ってきて祈りを捧げていたり、あるいはハイデルベルグのある教会でプロテスタントとカトリックが同じ教会の空間を分け合って使っていたのを見たりしたことです。これらは小さなしるしではあるのですが、その裏には信じる宗教は異なっても、全ての人に開かれた身近で人間味あふれた神の存在があることを感じ取ったのです。

5　シナイ山の麓で　神はご自分の名前を明かす

エディット・シュタインに最も大きなインパクトを与えた出来事は、「キリストの十字架との最初の出会い」であったと彼女は後年回想しています。親しい友人でもあった哲学者アドルフォ・ライナッハが戦死し、彼の執筆の整理をするために未亡人のアンナに呼ばれ、痛みに打ちひしがれた夫人に会うという不安を抱きながら彼女の家を訪れましたが、アンナは心の平安を保っていました。彼女を支えていたのは復活への篤い信仰でした。そこでエディットは「燃え尽きない柴」に出会ったのです。(9)

この時以来、エディットはこの新たな現象に心を奪われていきます。この現象に近づけば近づくほど、さらに彼女の心は引き寄せられて行きます。彼女が抱いていたあらゆる問いに対する答えをそこに見出したのではないでしょうか？ 自分の存在の最も内奥に神がご自身を現わされていたのではないかと、一九一八年頃に以下のように回想しています。

「神のうちにおいて安らぎ、全ての知的活動から解き放たれたくつろぎの状態というものが存在します。このような時には、人は計画を立てることも、決断することも、行動を起こすこともせず、ただ神の摂理に身をゆだね、全てをみ旨の行われるままに神のみ手に自分を置くのです。私の活力が全て奪い取られ、全行動のエネルギーが断たれるという**この気づきは私の力を超越した一つの経験からもたらされ**、私の活動からエネルギーをことごとく奪ったのです。身体的生命力の欠如によって活動ができなくなるのとは相反して、神のうちで安らぎを得ることは全く新しく特別な経験でした。それはあらゆる問題、心配ごと、義務から放たれて、主の内に包まれる感覚です。私がこの感覚に自分をゆだねればゆだねるほど、意思が働かなくなるほどに心を占めて行き、新しい命がますます私の心を満たしていきました。私に流れてくるこの命の力は私の中にあって私のものではない働きと力によってあふれてくるように思いました」(10)。

しかし、ご自分がどのような方であるか(現存、近しさ、愛、命)を、神がエディットに啓示されたこの体験に決定的に気づきを得たのは、イエスの聖テレサとの出会いにおいてであり、この神がキリストのうちに真理をあらわされ、尊厳と自由において最も敬われる人間による人類の救いを望まれていることを確信した時です(11)。

彼女はこの時初めてキリストの神秘体に加わることを決心し、一九二二年一月一日、受洗しました。

6　エジプトへ戻る　キリストにおける解放を宣言するために

エディットは自身を開放へと導く真理に出会いますが、この真理は彼女一人だけに現わされたものではないこと、また、あの「高い山の上」[12]に留まっていてはいけないことに気づいていきます。

「私は回心へと歩んでいた時期、又その後ある時までは修道生活を送るということは、**神との関わりを生きるためだけに地上のすべてを放棄することだと思っていました**。徐々にこの世、さらには観想生活の中でも自ずの役割があると再認識していくようになり、この世との絆を断ち切るべきではないと悟るようになりました。**更には、私たちが神へと導かれることへの思いが深くなればなるほど、「自己を明け渡す」べきだと思うのです。言い**

換えればこの意味において、神の望まれる生活をこの世界で実践していくのです」(13)。

エディットはこの時から、自分の生活すべてを祈りと教育活動を通じて神の国への奉仕にあてるようになります。一九二三年四月、シュパイアーのドミニコ会経営の高等学校で彼女は歴史、ドイツ語の教鞭をとることになりました。自分は神の道具に過ぎないと悟り、キリストの生き方に倣いたいと思いました。典礼への参加、聖体の秘跡、祈り、聖書からの黙想を通じて(14)、神の恵みによってその目的を達成しようと模索します。「言《ことば》」は彼女の存在全ての主軸でした。

この間、シュパイアーの女学校では常に科学的で客観的な姿勢を貫きながら教鞭をとっていましたが、彼女の教育学の根本的な目的は、キリストを模範とする教育を構築することにありました。

「女学生たちは然るべくして神の子供となるのです。人間の魂は自らのうちに**キリストの姿を全面的に受け入れ、それに似たものとなるように務めねばなりません**。行いにおいてもキリストご自身を刻み付けなければなりません。第一にこの地上での道を歩まれた人の子としてのキリストの姿は、福音書に描かれている姿であり、人間の魂の模範です」[15]。

教員生活の傍ら、翻訳、論文の発表などの活動を精力的に行っていました。又、カトリック哲学、特に聖トマス・アクィナスの著書についての研究も始めました。

7 啓示は真理を内在している

エディットが展開していった活動の一つは、―それによって大変有名になるのですが―、女性であるがゆえの問題意識についてでした。一九二八年以降、ドイツ語圏諸国で教員を対象とした講演要請がカトリック系のサークルや連盟から数多くありました。彼女は講演をするにあたり、重要な事はたったひとつ、どのようにして真のキリスト者となるかということだと言っています。その根底では、女性性の特質と使命に関する神学的人間学についての基本を明らかにしたいと考えていました。

エディットが真理を考察し、探求する際の究極のよりどころは聖書にありました。彼女は信仰者が有限の存在を認識するためには啓示にゆだねるべきであると述べています。[16] そのことによって真理の本質を発見するばかりでなく、間違いに陥らずに済むのです。このことからエディットは、啓示された真理に導かれるのは、神の愛の導きによるものであり、私たちはそれを受け入れ、体験を積み重ねる中で完成されるべきであると確信しています。[17]

「神にかたどり、神に似せて造られた」人間の尊厳に対しての、聖書に深く根差した彼女の概念は、教育者としての活動に方向性と非常に深い意味をあたえていました。学生についてはこう述べています。「彼らは神によって創られ、神の使命の担い手なのです。彼らに対するいかなる不当な扱いも神の計画への背信なのではないでしょうか」。[18] この断言は、学生達の人格育成にいかに真剣に取り組んでいたかを私たちに伝えてくれるものです。それは**聖書の真理に深く共感する**ことから生まれた真剣さでした。

一九三二年ミュンスターのドイツ教育研究所から「哲学的・神学的教育学と人間学」の担当講師として迎えられました。当研究所の教育理念とエディットが研究テーマとして取り組んでいたプロジェクト「カトリック教育学の構築」と一致していたのです。

同年、フランス、ジュヴィシーのトマス協会（神学・哲学研究の会）から現象学について講演するようにと招聘されます。この専門分野での活動全般において最も見事だったのは、おそらくこれらの活動を使徒的役割として実践して生きていたということでしょう。一九二八年二月に書いた手紙に次のように述べています。「聖トマスについて研究するようになって、神への奉仕として学問に取り組んでいくことは可能であるということが初めて自分のうちに明確になってきました…そしてその結果、学問の仕事に再び真剣に取り組むようになれました。」(19)

8 十字架を担う

一九三三年一月、ドイツでヒットラーが権力を掌握し、同年四月には反ユダヤ主義の初めての法令を発布します。それはユダヤ人が公職に就くことを禁止するものでした。この新しい法令はエディットにも影響し、教鞭をとり続けることをあきらめねばなりませんでした。個人的にはエディットはこの状況を悲劇的に受け止めることはなかったように見受けられます。彼女が懸念したことといえば、それがユダヤ民族に及ぼす重大な結果でした。彼女は神に全信頼をおいて生きていました。「授業ができないことは嘆き悲しむことではありません。というのもその背後には神の大きな憐みに満ちた摂理があると信じているからです」[20]と述べています。パウロが「わたしたちは、このような希望によって救われているのです」（ロマ8・24）[21]と言っているように、彼女は神への信頼に希望を持って生きる境地に達していたのです。

自分の民のため、教会のため、キリストのために何かをしなければならないという差し迫った衝動に駆られたのも神へのこの希望からでした。教師として南米に行く選択肢もありましたが、自分の民が置かれている運命から逃れることは避けたかったのです。カルメル会への召命を実現するときが来たのではないかと思いましたが、ただ単に個人的な決意に従いたくはありませんでした。この状況をキリストとの交わりのうちに観想し、キリストに次のように祈りました。「今ユダヤの民の上に置かれたのは、あなたの十字架であることを知っています。多くの人はこれが意味するところはわからないでしょうが、それを悟った人はその十字架をすべての人々の名において、進んで自らが担わなければなりません」(22)と。エディットが現実をこのように受け止めることができたのは、キリストと一致して生きていたからであり、又、聖書の「わたしの後に従いたい者は、自分を捨て、自分の十字架を背負って、わたしに従いなさい」(マコ8・34、ルカ14・27)(23)という言《ことば》のメッセージを受けるべく自らの人生を明け渡したからです。そしてまさに十字架の重みを背に感じるようになった今、主の招きを受け入れ、救い主に「yes」と答える覚悟が一層できていると感じるのでした。

一九三三年十月十四日、聖テレサの祭日の前日、末娘の決意を理解できなかった母親との痛ましい別離の後、彼女はケルンのカルメル会修道院に入会します。志願者としての六か月が過ぎ着衣の日を迎えました。修道名はエディットの望んだ通り彼女の召命そのものを表した「十字架の聖テレサ・ベネディクタ」が選ばれました。この修道名について「既に志願者の時から、私の修道名がこのようにつけられていたことをお話ししましょう。それは私が望んだとおりのものでした。そのころ既に予想されていた神の民の運命と十字架を結びつけて理解していました。…今となって、十字架のしるしにおいて主と結ばれるということが、何を意味するかわかってきたように思われます。しかし勿論、十字架の意味を理解し尽くすことはできません。十字架は神秘ですから」(24)と語っています。

一九三四年に修練期が始まり、エディットは一九三五年四月二十一日に初誓願をたてました。

9　キリスト化の神秘

カルメル会で時を経るにつれ、エディットは、自らの召命をキリストの贖いの使命を自分に引き受けることと知りそれに共感していきました。カルメル会修道女の召命は、彼女が言うように次の文章に要約されています。「召命には、キリストと共に苦しむという召命がありますが、それはキリストの贖いの業に参与するということなのです。もし私たちが主と結ばれているならキリストの神秘体の成員となり、キリストはその人たちのうちに生き、その人たちの中で苦しみを共に分かちあうのです。主とともに与るあらゆる苦しみは主の贖いの偉大な業の一部をなすゆえに実を結ぶのです。これは修道生活の根底にある考えであり、カルメル会修道院の生活においてはなおさらのことです。自由と喜びを持って罪びとの苦しみを引き受け、全人類の贖いの業に参与する生き方です」(25)。

エディットは養成期間中にも引き続き知的活動に多くの時間を割きました。様々な霊的著作だけではなく、彼女の思想と存在に関する研究が網羅された総論であり主要著書となった「有限なる存在と永遠なる存在」を一九三六年に完成しました。

エディットは一九三八年四月二十一日に荘厳誓願をたてました。この時彼女は初誓願の時の願いが叶えられたと感じ、ヨハネの黙示録で語られている「小羊の婚礼」の終末論的秘義に照らして次のように洞察しています。

「…しかし、更に緊密に従っていくようにとの主からの呼びかけがあります。それは魂の奥深くしみ込むように響き、明確な応えを求めます。これが修道生活への呼びかけで、この応えは聖なる誓願です。主がごく一般の状況下（家族、国民、環境）で、主にのみ自分自身を捧げるようにと呼ばれた者は、数多くの贖われた者よりも、より一層強い婚姻の絆で主と結ばれます。子羊の望まれる方法で永遠にその一部となり、神の子羊のいくところへ従います… もし修道生活を送りたいという願望が起こったなら、それは主が婚約を望まれたことで、その人が誓願をもって自分自身を主に捧げるならば、それは天上の子羊の婚礼が前もって示されたことになるのです」(26)。

ユダヤ人であるゆえに生じる事態の深刻さと危険は、ただ単にエディットを十字架上のキリストとますます一致させていくばかりでなく、国外への移住が避けて通れない事態に追いやりました。修道院の上長はオランダ、エヒトのカルメル会ならばエディットにとって安全ではないかと考え、実際一九三八年十二月三十一日に彼女をそこへ移動させました。

10 カルバリオの道

ケルンからエヒトへ移動するというだけで、エディットに厳しい変化がもたらされるであろうことは察せられました。彼女は誓願によるキリスト化という特性を更に体験し始めるようになりました。キリストの貧しさが、貧しさのうちに生まれたことだけでなく、エジプトへの避難[27]においても表わされたように、エディットの貧しさも「避難」というこの同じ次元を生きることにありました。キリストの従順は、父なる神のみ旨を生きることに徹底的にご自身を明け渡していたように（マタ26・42）[28]、エディットも自らを燔祭としてすべての人のために捧げつくす決意をします。[29] そして愛についても、キリストの愛のように友であろうとなかろうと、[30] 全ての人に自らの命を捧げつくす覚悟でした。[31]

エディットの霊的ダイナミズムは、エディットを受け入れてくれた新しいエヒトの共同体においても変わることはありませんでした。すぐに新しい環境にも慣れ、修道院での新しい家族の一員となっていきました。さらに、時を経ずして責任ある仕事を引き受けることになりました。例えば助修女の指導、受付係、修練女のためのラテン語のクラス、等々。この他にも、例えば偽ディオニシウス（教父の一人）の神秘性について、又、「十字架の学問」と題した十字架の聖ヨハネの生涯と教義についての研究など、一連のより学術的な仕事も担いました。

エディットのキリストの十字架の神秘への結びつきはますます深められていきました。民族、家族、友人たちへのナチスの迫害は、エディットを心底苦しめました。ある人々はアメリカやコロンビアに移住することができましたが、その他の人々は強制収容所へと送られました。エディット自身の状況も決して安全ではありませんでした。一九四〇年、ドイツ軍はオランダに侵攻し、直ちにユダヤ人をリストアップしました。身の危険を避けるために再び移動する可能性を探りました。いくつかの手続きの後にスイスにあるル・パキエの修道院が受け入れを承諾しましたが、書類の準備やスイスの入国許可などの取得が思うように早くは進みませんでした。

彼女の召命は聖書の中の新たなモデルとして、エステル記の王妃エステルを思わせています。「主がすべての人のために私の生涯を捧げることを受け入れてくださったことに、王妃エステルの生き方と重ね合わせました。彼女はまさにそのことのために、つまり王の前で自分の民族救済のとりなしを願うために、自らの国、ユダヤから連れてこられたということを。私は貧しく、無力で小さなエステルですが、私を選んでくださった王は計り知れないほど偉大で憐み深いのです」(32)。神へ全信頼を寄せるエディット・シュタインのこの言葉には、自らの命を捧げ尽そうとする彼女の内的な姿勢が表れています。

エディット・シュタインを身近に知る機会のあったイエズス会のエーリッヒ・プシワラ神父は、彼女の召命について預言者エリヤのものと比較して次のように述べています。

「預言者エリヤがカルメル山の洞窟にこもって体験した孤独は、エディット・シュタイン自身の孤独そのものでした。これは近寄りがたい印象を与えるほどの沈黙の支配の神秘です（…）。究極の孤独であり、自らの民と離れ、異教の世界から迫害され、神からは何の答えもないままに、すぐにも終わることを神に願っているのです。（…）**それはメシアが辱めの極みにまで落とされた中で体験する霊的孤高の孤独です**[33]。

ここでエディットの姉ローザも紹介する必要があります。彼女は一九三六年末にエディットの歩みをたどり、キリスト教に改宗しました。その後、エヒトの修道院に行きカルメル会第三会会員になり、外部から共同体のために奉仕をしました。

11 キリストとともに十字架にかけられる

危惧していたことが時を待たずして現実となりました。そこでオランダの司教団は沈黙を破り、司牧書簡をもってユダヤ人迫害に関して告発することを決めました。この書簡は一九四二年七月下旬にすべての教会で読み上げられることになりました。ナチスの反応は間を置かずに示され、報復としてカトリックのすべてのユダヤ人も強制移送の対象であると宣告しました。

同年八月二日、エヒトのカルメル会にナチス親衛隊員がエディットとローザを強制連行するためにやって来ました。シュタイン姉妹は準備をする間もなく修道院から去らねばなりませんでした。共同体の姉妹に別れを告げ、いくばくかのものを持ち出す時間はわずか十分に限られていました。それはあたかもイエスがオリーブ山で逮捕されるときに「まるで強盗にでも向かうように、剣や棒をもって」(34)と言われた時のようでした。

その後直ちにアメスフォート経由でオランダ・ヴェステルボルグの収容所に抑留されました。ここでの滞在はわずか四日間でしたが、絶望した母親に見捨てられた子供の面倒を見るなどのエディットの奉仕精神を証するには十分な時間でした。かくも人間の尊厳が貶《おとし》められている中でも、エディットは自身の強靭さを支え続ける神の現存をしっかりと見つめていることができたのです。「内面的に支えられて生きることをもう少し体験させてもらっているのです」(35)とエディットは言っています。

八月七日、列車はアウシュビッツ―ビルケナウへと出発し、九日に到着しました。ここで二人は死が待っているガス室に直行するグループに振り分けられました。エディットは、自分の民族又全人類の救いのためにとりなしをするよう彼女を召し出してくださった神に自らの命を捧げ尽すという、まさしく自らの目的にたどり着いたのです。一九三九年にエディットは次のような遺書をしたためています。

「私は今から神が私のために用意してくださった死を、喜びをもって、そして聖なるみ旨に完全に従って受け入れます。神の栄誉と栄光のために、そしてイエスとマリアのみ心と聖なる教会の意向のために、私たちの聖なる修道会、特にケルンとエヒトのカルメル会が万全に維持され、聖化され、完全なものになるように、どうか主が私の生と死を受け取ってくださいますように。ユダヤ民族の不信仰の贖いのために、また主ご自身が全ての民によって受け入れられ、栄光のうちにみ国が来ますように私自身を捧げます。ドイツの救いと世界平和のために、又私の家族、生存している者、すでに亡くなった者、神様が私に与えてくださったすべての人々が誰一人として滅びることがないように私の生と死をお受けください」(36)。

エディットは自分が望んでいたとおり、キリストに最も似たものになりました。次に掲げるテキストは神の贖罪の業に関するエディットの無条件の奉献を記した要約です。

「苦しみの救い主への想いにおいて、長い間厳しい運命を引き受けた者、或いは人類のために贖罪の業を引き受けたすべての人は、誰でもそれをもって人類の非常に重い罪の負債を償却し、そしてこのことによって主のためにその重荷を共に担うのです。つまり頭であるキリストは、身体と霊魂をもって参与しようとするご自分の神秘体の成員において贖罪の業を行われます」(37)。

「キリストは私たちに永遠の生命に至る扉を開けるために御自らの命を捧げてくださいました。この永遠の命を得るためには地上のものを放棄しなければなりません。キリストと共に死んでキリストと共に復活するのです。それは生涯続く苦しみをもって、そして日々自らを放棄して死を受け入れることです。福音のための殉教の血による死についても然りです」(38)。

二章　神の啓示 人となられたキリストの啓示

エディット・シュタインがどのように聖書を読み、聖書に親しんでいったかを知るには、彼女が神の啓示をどのように理解しこの実在性に直接預かっていったか、その内容や大綱を一通り解明しなければならないでしょう。

前章でごく簡単に述べたようにエディットの生涯は救済史と並行していることがわかりますが、彼女の人生にとって或いは又教義上の省察をするにあたって、啓示と神のみ言葉がいかに重要であったかを示すいくつかの輪郭が浮かび上がってきます。彼女は聖書を単なる知的興味心だけで研究したのではなく、み言葉が彼女の存在そのものに浸透するにまかせることによって、その生と死が形成されていきました。神の啓示に完全な一体感を覚えていたのです。

エディットが啓示について私たちに伝えてくれていることを、簡単に見ていきましょう。エディットは第二バチカン公会議以前の人物であったにもかかわらず、彼女の啓示に関する考えは、Dei Verbum（神の啓示に関する教義憲章、啓示憲章）に見られる教えとの共通点が見られますので、これについて述べていきましょう。このことは彼女の近代性とメッセージの現代性のあらわれといえるでしょう。確かに独創的と思える要素もみられますが、この点については本書の後続の章でもっと明確になっていきます。

1　神は自らを証される

このテーマのことばに人類の歴史における神の〝啓示―出現〟の内容とその中心となる目的を集約する事ができるのではないでしょうか。御自らのことを話されるのは神ご自身であり、み言葉を通してご自身をお示しになられるのも神ご自身です。(39) このことが最も顕著に表れているのは、多くの哲学者が存在論的に「ある」

について論じるとき引用しているように、出エジプト3・14の神の名の啓示「私はある。私はあるというものだ」に於いてです。聖アウグスティヌスに倣ってエディットもこのみ言葉は神そのものをもっとも明確に表していると断言していま す。(40)しかしその名前が示そうとしている意味は、この「わたしはある」を聖書の歴史に照らしてみると人間にとってもっと身近なものになります。例えばアブラハム、イサク、ヤコブの神です。(41)この表現は、より実存的な言葉で、神は人であるという解釈をすることができます。(42)つまり、神の存在は概念としてではなく交わりの体験として、また人間の友として明らかにされているということになりま す。(43)

エディットにとって、ご自身を知らせた神の啓示は一連の暖かみのない教義上の真理ではなく、なにかもっと計り知れない神秘的なものであり、それは神がご自身を人間に与えられたということなのです。(44)この意味において神が啓示しようと望まれたことに沿ってみると、神は人間が知ろうとする目的であり、言い換えれば、神の啓示によってのみ人間は神を認識しますが、この啓示は聖霊によって伝えられます。[45] このダイナミズムのうちに旧約聖書において絶えず示されてきた神の啓示を理解していかなければなりません。

神は歴史を通して様々なかたちと方法で先祖に啓示なさり、語られましたが、この終わりの時代には御子によって私たちに語られました（ヘブ1・1―2）。[46] エディットがはっきりと確信をもっていたのは、神は受肉したみ言葉であるキリストの内にご自身を現されたということです。すなわちキリストはただ単に「遣わされたもの」であるだけではなく、み言葉であり御父の啓示なのです。

「又、キリストを永遠のみ言葉と呼ぶこともできるでしょう。というのは、神のみ言葉そのものであり、啓示そのものであるからです。つまりそれは叡智の表れでありもっと簡単に言えば、御父がご自身を現わされ、永遠のみ言葉は御父のみ言葉の結果なのです」。[47]

今ここでは聖書に具体的に書き記されている啓示についてだけ取り上げていま

すが、エディットはキリストの人性（ヨハ14・10）、み言葉、神秘体の成員[48]、典礼[49]、聖体[50]、創造などの神がご自身を啓示される他の手段についても知っていることを言及しておきます。

旧約聖書の中で段階的に明かされていく神の啓示の完成はイエス・キリストでした[51]。キリストは歴史における神の顕現の最も完全な受肉を成就されたのです。キリストは御父の究極のみことばです。この表現についてエディット・シュタインは十字架の聖ヨハネと完全に一致しています。

「以前には神がキリストを遣わす約束のために語られました。しかし今はキリストにおいて神は私たちに全てをお与えになり、そして『これに聞け』（マタ17・5）と仰せになられました。ですから『知恵と知識の宝は全て、キリストの内に隠されています』（コロ2・3）とあるように、もはや新しい啓示を望むことは、信仰の欠如を意味します」[52]。

キリストにおいて頂点に達する神の啓示は、聖書に特別な形で示されています。旧約聖書はイエス・キリストにおける神の啓示の充満に向かう道であり、御子の生涯とその教えは新約聖書に集約されています。ですからみ言葉は『神の霊』(53)の表れなのです。これが意味するところは、聖書は神への取次ぎであり、言い換えれば、聖書によって神は私たちに近づき、神ご自身が話され、そして私に話かけ…ご自身を知らせると同時に神の求めておられることも表しています。(54) 聖書において神はご自分の存在、み業、そしてみ旨を啓示しています。(55)

2　経綸的、人間学的啓示

歴史の中で神がご自身を現わされるとき、それはご自分が誰であるかをお示しになるためだけではありません。ご自身を現しながら、神は人類の救いを望んでいることを人間に告げますが、言い換えれば、人類がその与えられた恵みの完成に至るようにと伝えているのです。神はご自身を啓示することによって救いの計画（神の経綸）を人類に伝え、人となられたキリストを人に啓示します（神学的ます。

人間学）。[56] エディットはこの二点に、神が歴史の中で現れる理由の軸を見いだします。

既に述べたように神はご自身をみ言葉において示されましたが、それは聖書を受け入れることは神のいのちに与ることを意味するといえましょう。[57] これは聖書に書かれている啓示を定義づける秘義の局面の一つであり、言い換えれば聖書の啓示には神のいのちに与らせる力があります。

「『神の言葉は生きており、力を発揮し、どんな『両刃の剣』よりも鋭く、精神と霊を切り離すほどに刺し通して、心の思いや考えを見分けることができるからです』（ヘブ４・12）。ここでは、神のことばは裁き、心の奥に隠された思いや考えを見通し、そして本来の傾向に基づいて魂をあらわにし、肉体からの分離について考えます。この魂の高揚は、あたかも神の命が魂に吹き込まれるように、生来の肉体への束縛から解き放され、その肉体と魂それ自体を自由の領域へと導きます。

この神の命の注入についてはこう書かれています。『…神が、『霊』を限りなくお与えになるからである』（ヨハ３・34）」(58)。

キリスト者が生きる上で、聖書に中心的重要性を置くべきであるということについて、エディットが説得力のある断言をするのも不思議ではありません。というのも単に歴史の中に現れる神を語っているだけではなく、神の力ある業は現在も引き続き聖書の中に示されているからです。これらの理由からエディットは迷うことなく神のみ言葉に中心的、知的、実存的意義を見出しています。神のみ言葉を《感情移入》して受け入れることによって、人間は神のみ旨を全うし、神のいのちに与る道を見つけていくのです(59)。エディットは具体的には福音書において神のみ姿であるキリストを私たちに刻み込むすべを見つけました。ある講演会で次のように表明しています。

「人間の姿となった神の永遠の姿は、神の子イエス・キリストとして私たちの中にこられました。もし福音書に語られている通りに神のみ姿を考えるなら、私たちの眼は開かれるでしょう。救い主を知れば知るほど、私たちは御父のみ旨を全うされ憐みの愛の礎である全ての創造物を解放なさる解放の王の偉大さと豊かさにさらに敬服するでしょう。そして神の、この似姿が私たちのうちにより深く刻み込まれるほど、又私たちの愛がより目覚めるほど、神からの離反を自分自身や他者の内に敏感に感じるようになるのです。そして私たちは全ての偽りから解放されて、人間の真の認識に目が開かれるでしょう」(60)。

このエディットの主張に照らし合わせれば、彼女が教育者、養成者としての活動において、福音書に一番の重要性を置いていたことがわかります。彼女は聖書全体が深い人格形成の性格を含んでいると確信し(61)、人を真の意味において教育したいならばこのことを常に注意深く研究しなければならないとしています。特に人々を神との交わりの道へと導いていくならなおのことです(62)。そのためにも聖書が最も重要な源泉なのです。そしてすべての教育活動を導いていく真実が見つかるのはまさにここでしょう(63)。

啓示がただ単に神の顕現と救いの計画をあらわすだけでなく、神が人となられたキリストを人に啓示なさったというエディットの考えに私たちが心を留めるなら、これらの言明は一層再評価されるでしょう(64)。エディットは、啓示が人間に示されたのは、人間は何であるか、そして、何をすべきかということを知らせるためであると述べています(65)。本書四章の「聖書における人間学的解釈」にあるように、彼女にとって聖書は、人の生と存在の意義を与え理解する秘義を捉えるための源泉です。しかもそれは単なる一般的な方法ではなく、人の性の違いに注意を傾けながら更に個人の独自性を考慮したものでした(66)。それゆえにこそ人間に関して啓示された真理を知ることが緊急の課題であると指摘しています(67)。さらに有限的存在を認識するために啓示(68)を考える人にはこのことが証できます。

エディット・シュタインは人間、その目的、神へ導かれる道に関して私たちが知り得る最も本質的なことを啓示に見出せると確信しています。ですから彼女の神学的洞察力によって、神の秘義そのものが人間の生命にとって重要であるという彼女の考え方を発見することは驚くことではありません。彼女にとって神の内在と神の経綸は一致しています。この点について十字架の聖ヨハネについてのエディットの著書『十字架の学問』においても重要性を置いているのが読み取れます。この著書では、十字架の聖ヨハネの作品にも多く記されているキリストの神秘に照らされて神との一致へ向かう霊的道を述べています。この意味において神が人となられたキリストを人に啓示なさるだけではなく、神の秘義は人間を、そして完成へ至る道を知る上で本質的な重要性を持っているのです。エディットは次のような質問を投げかけますが、それらの質問自体がその答えを提供していま す。

「人間がこの地上を歩むために、また人間教育のために秘義が（ここでは三位一体と受肉の秘義を指している）重要性を持たないと誰が断言できるでしょうか？ 神がその秘義のベールを私たちのために少し開こうと心を動かされたのは、私たちが呼ばれている人生を生きるためにその秘義が必要で

あったという事でなくして一体何でありえるでしょうか？」。(69)

3　人間の歩調に合わせる神

このテーマでは歴史を通して示された神の啓示の内的ダイナミズムについて述べていきましょう。エディット・シュタインの著作には「神の啓示と人間の能力との関係」そして「聖書諸文書の著者に関するいくつかのメモ」という二つの側面が扱われています。

エディット・シュタインは、啓示と人間の理解能力との関係について、神の啓示が旧約聖書の歴史を通じて徐々に示されただけではなく、キリストにおいて啓示は完成されたと確信しています。神は、人間の理解の及ぶ能力に合わせてご自分を示されますが、人間の理解能力では、神の伝達をある特定の側面に限定させてみてしまいます。この意味においてエディットは、人間が認識できる啓示の現実に関していえば、神の真理の無限の豊かさにはとても及ぶものではないと考え

ます。(70)

この同じ観点でみると聖書のことばは神の側から見たときには、人間の言語に適応されているものとして解釈することができるでしょう。神は聖書の中で、人が、把握できない啓示にも配慮して、人間の尺度に合わせて語っています。(71) このことは第二バチカン公会議での啓示憲章に次のような記述が見られます。「聖書のうちには私たちに永遠の知恵の驚くべき「へりくだり」が示されているのである…神の言葉は人間の言語で表現されて人間の言葉と同じようなものにされたからである」。(72) しかしながら、啓示のこれらの表面的な限界は人間の限られた〈知る―理解〉の結果であり、厳密には神の啓示そのものを制限するものではありません。神はいつでもみことばあるいは特別なみ業を通して、人間の考えを越えさせ、神の見方に近づかせ、人間を高めることができますが、(73) それでも人が至福直感に到達するまでは完結しません。

神は書き記されたみ言葉においてご自身を現わされます。そして神が私たちに伝えようとお望みになったことは聖書記者によって伝達されました。啓示憲章には次のように記述されています。「神は聖書を作り上げるにあたってはある人々を選び、彼らの才能と能力を使用しつつ採用したのである。こうして神が彼らのうちで彼らを通して働くことによって、彼らは真の著者として、神の欲することのすべてを、またそれだけを、書き物によって伝えたのである」。[74] エディットは、聖書記者たちが霊感を受けていること、すなわち聖霊に導かれて聖なる書を書いたということを記していますが、[75] これは公会議の憲章内容と完全に一致しています。そして、彼女は他の側面もまた考察しています。

エディットはその著書『神理解への道』に聖書記者に関するテーマについて述べています。[76] 彼女は、聖書記者を特徴づけるすべての要素を考慮することを目的とはせず、聖書に用いられている言葉 ―頻繁に象徴的に表現されている― に特に焦点を当てています。

エディットがまず取り上げている問題点は象徴、あるいはイメージされていることが何を伝えようとしているか、ということです。これに答えるには、霊感を受けた記者の体験、知識によるしかありません。ここから私たちに何を伝えようとしているかが理解できるのです。[77]エディットは次のように自問自答しています。霊感を受けた作者すなわち聖書記者は自分が神の啓示の道具であるとわかっていたのか？ 記者自身が神によって照らされていることをわかっていたか？ 記者自身が神からの啓示を直接伝達されたのか？ これらの問いに対し、エディットは私たちに次のように述べています。

「これらのことが一切伴わないケースも考えられます。自ら言っていることが神の霊に導かれていると感じることなく啓示を伝えることも不可能なことではありません。自らの考察と適切と思った言葉によって表現されたと想像もできます。カイアファが最高法院で『あなた方は何も分かっていない。一人の人間が国民のために死に、国民全体が滅びないで済む方が、あなたがたに好都合だとは考えないのか（ヨハ11・49）』と言いました。ヨハネは続けて『これはカイアファが自分の考えから話したのではない。その年の大祭司であったので預言して、イエスが国民のために死ぬといったのである…』と述べています。ですからカイアファは神の名において神の導きによって彼が認識なく、又好むと好まざるに関係なく話したのです。ヨハネはしかしながらカイアファは神の言葉を発したことを、そしてヨハネがこの記事を書いているときに自分自身が照らされていたことを知っています。ヨハネに伝えられたカイアファの啓示による言葉の預言的意味を彼は分かっていたでしょうか？　そうかもしれません。しかしイエスの死に際してのあのことばの成就と共に救いの業全体が起こるかもしれないということが預言的性格の上に照らされたのかもしれません」(78)。

さらにエディットはこの問題を掘り下げて、人が認識せずに神の啓示の道具になることはあり得るが、通常のことではないと理解しています。そして、イザヤの、神の顕現の体験と使命を考察し(79)、預言者における霊感は自覚しているもので、神体験が実を結んだものだといいます。すなわち啓示と霊感そしてこの双方への意識は結びついていると確信しています(80)。このような使命、霊感、啓示そしてこれらを自覚している体験は神体験そのものと一致しています(81)。

このようにエディットは聖書の諸文書に見られる霊感の異なったいくつかのタイプを明確にしようとしています。第一番目の可能性は聖書記者が必ずしも意識していない霊感です。最も高められた霊感によるものはイザヤ書にその例がありわれていますが、それは認識、自覚しているだけでなく伝承しなければならない真理の体験をしています。この二つの類型の間に位置するものをエディットは考えます。

—これらの類型の間にあるものの一つとして次のように述べています。霊感を受けた者にいかなる啓示も示されないが霊感を自覚している場合で、聖なる作者は神によって何を伝えるか或いは書き記すかを促されていることを認識しています(82)。

—他の類型として次のケースがあげられるでしょう。この場合もまた、それを表現する方法において霊感として感じることもできるでしょうが、他者に伝えるときには彼にとっては啓示ではありません。これは経験によってあるいは自然の道理から捉えた道徳的規範に基づいた出来事でしかありません。（聖書や箴言の歴史書の中では部分的にこのような例があります）[83]。

エディットは今まで見てきたように自身の見解を次のように締めくくっています。つまり、聖書記者は霊感を受けていることをある程度自覚しているが、たとえ彼らが理解していなくとも、聖書は神の霊によって導かれ書きとめられている、と。

「そうでなければ、霊感不在の啓示はありえないからです。神ご自身あるいは　啓示に内在している真理が明らかにされるとき、聖霊の賜物によって可能となるのです。そして人間が人々にその真理を伝達しようとするときは神の聖霊が働くのです。神の真理は、言葉が聞こえなくても何も見えなくても霊的に人間を照らすことができます。そしてその神の言葉を人間が伝えるときには、言葉の選択をその手に任せます。神が意図なさったこと、イメージで表されたことは言葉で感知し、同時にそれを受けた人間がそのイメージや言葉を理解できなくても伝えることは可能となりましょう。しかしながら霊的感覚は、内的に照らされることによってまたは判断できるように付け加えられた言葉によって、開かれていくことが可能です」。(84)

4 人間は神を「知ることが出来る」

神が人間の理解できる方法で啓示なさるなら、それは自然摂理によっても超自然摂理によっても人間は神を知ることが出来るということを意味します。使徒パウロ（ロマ1・20）が言っている、そして啓示憲章（6）にも書かれている人間は理性をもって自然に神に近づくことができるということを、(85)エディットも述べていました。とはいえ、彼女の関心は、啓示なさった神を信仰と愛で受け入れるという超自然の方法へ集中していました。

エディット・シュタインが聖書について話をするときには、総じていつも信仰に基づいた解釈の観点から行います。聖書への批判的アプローチの課題があることは彼女も承知していて、それを取り上げることもありますが、それよりもキリスト者が聖書を中心とした生活をおくる大切さに関心を示しています。ある意味当然ですが、エディット・シュタインは神を信じる者は神のみ言葉を信じ、信仰の従順によって受け入れなければならない（ロマ1・5）としています。キリスト者は聖書が霊感によって書かれた神の言葉であり、そして神が私たちに参与させたいと望まれたことが伝達されていると認識しています。聖書に明確に述べられていることは、信徒にとっては受け入れるに十二分な根拠であり、聖書それ自体が神の真理を証する真正なるものです。[86]

この意味において、啓示を受け入れる唯一の手段として正しく聖書を解釈するには、信仰によってのみ可能であると考えます。[87] つまり神が啓示なさったというこの事実によって信仰は信じることへと導かれるのです。[88] 今まで強調してきたように信仰は神の言葉に確信と信頼をもたらせます。エディットは次のように記しています。

「…もし神がご自身を現存する神として、創造主として保護者として啓示なさるなら、そしてもし救い主が『御子を信じる人は永遠の命を得ている』（ヨハ３・36）と言われるなら、これらは私自身の存在に関する不可解な質問への明らかな答えとなるでしょう。そしてもし神が預言者の口を通して私の父や母よりも私にもっと忠実であり、又神は愛そのものであると言われるならば、私を守ってくださっているみ腕から自らが外れない限り、私を支えてくださっているみ腕の中での信頼は何と当然のこと、そして無意味な不安は何とばかげたことかと気づきます」(89)。

しかしながら啓示はただ信仰によってのみ、つまり信じたことによってのみ受け入れるだけではいけません。信仰によって受け入れるとは、啓示のダイナミズムのなかに生きること(90)、み言葉を命に変容させることを意味し、そして信仰と啓示が同じ一つのものとなり、同じ意味をなすようになります(91)。信仰の対象は神であり、啓示は神がご自身をありのままに現わされることです。信仰の道は私たちをパーソナルで身近な神、愛する神、あわれみふかい神へと導きます。そしてそれは自然の認識ではどこにも見つけることができないということを私たちに確信させます。(92)

信徒が信仰のうちに啓示を受け入れるこの認識と絶対的な確信は、神の言葉を受け入れることが同時に愛をもって神に向かうことであり、それはまた、愛する神が愛をもって受け入れてくださるということのしるしを意味しているのです。

「愛することによって神に自分自身を捧げるには、愛する者として神を知ることを学ばなければなりません。このようにしてのみ神は私たちにご自分を開かれるのです。啓示のみ言葉は概ねこのような答えに行きつきます。そして神の愛ある導きについていえば、それに従うなら神の啓示における信仰の完全な受け入れとなるでしょう」(93)。

5 啓示とインカルチュレーション

聖書の中で神ご自身が私たちにご自分を与えてくださるという明白で実存的な認識から、[94] 信徒が信仰と愛で受け入れるということは、み言葉をいのちに変えていかなければならないということを意味します。このようにしてのみ啓示は、救いの手段、人間を神の子とならせる手段という本来の目的を達成します。エディットはドイツのカトリック教育者たちに向けての講演会で以下のように助言しています。

「絶え間なく福音書を観想し、繰り返し読み、熟考するために常に福音書に立ち戻る人、愛に満ちた心でキリストのわざとキリストのみ言葉に潜心する人にとっては、福音はその人の一部となり、活力となり、その人の行動となります。このことによって私たちの内にもたらされるものが、様々な機会に無意識のうちに口からついて出てくることになるでしょう」[95]。

神のみ言葉に生きる、これは、聖書が人生、文化の一部となるための根本原理です。文化をみ言葉に適応させるということではなく、人のすべての行動、実践において神の言葉を体現する事で、み言葉を文化に浸透させることなのです。西洋思想に影響を及ぼした様々な思潮についてエディットは次のように記しています。

「そのような思潮には、まず啓示の明確な基本を優先させるべきです。その内容を理解し、内面的に見つめる道も、又人の霊的行動に神の言葉を受肉させる道も各々の思潮は異なっていますが、神の叡智と人間の知恵から生きた一つのものをつくりだすためのものです」(96)。

まさにこれはエディットがカトリックへの改宗以後心掛けたことで、信仰と文化、伝統と現代性を結び合わせようとしました。そしてそれは私たちが生きている時代にこそすべき差し迫った挑戦であると彼女は考えました。ヨハネ・パウロ二世の回勅『信仰と理性』（n・74）では、どのようにこの一体性を実行するかというエディット・シュタインの行程を、一例として示しています。彼女はそれをすでに哲学の分野で実践してはいました。(97)

エディット・シュタインは、これは教会の絶え間ない挑戦であり、信仰を守り広めることに留意するだけでなく、福音宣教の使命を帯びているものとして、啓示のインカルチュレーションを助けるものでなければならないと確信していります。つまり、それぞれの時代と文化の変化や特性に留意する事です。

「教会はこの世において神の国であり、地上のあらゆるものの変化を導いていかなければなりません。教会が時代をありのままに受け入れ、その時代の特性に従って扱うなら、永遠の真理と永遠の命をその時代に採り入れるべきです」(98)。

三章　「感情移入」による聖書の読み方

エディット・シュタインを明らかに特徴づけているものの一つに現象学があります。彼女が精魂込めて取り組んできたこの哲学の現象学派への言及無くして、他の領域での彼女の考えを理解することはほとんど不可能でしょう。「感情移入」というテーマに対する彼女のアプローチはまさにこの分野で生まれています。このことはエディットが実践し、提案する聖書の感情移入による読み方が現象学の枠の中で広がっていったと考えられます。この点については、これから述べるように彼女の著作の中ではそれほど顕著に表れてはいません。したがって、感情移入的な読み方について書かれた個所を取り上げる前に、現象学について一言触れておきましょう。

1　現象学と聖書

エディットの真理の探究は、現象学との出会いによって大きな助けを得、可能なものとなりました。フッサールのもとで、彼女は現実にアプローチする方法―本来の哲学的方法― を学びました。この出会い以前における研究の過程では、彼女は何か異なったもの、知識や知力を制限しないものを探す必要性を確信していました。心理学の勉強中、エディットはただ身体的・感情的な面からのみ人間を観ているだけでは人間を理解することはできないと直感しました。新カント主義の場合のような哲学方式では、真実を知ることを必要とする人も、すでに既成のカテゴリーで真実を見極めようとする人をも満足させることはできなかったのです。

自分でも気が付かないうちにうちに、エディットは現実を知る権利を主張していました。合理主義、批判、相対主義が、実証的科学の方法によらなければ現実にアプローチができないとした時代に、その反動として、現象学的方法はまさに学問的な方法として提唱されたのです。フッサールの「論理学研究」を読んだあと、彼女は以下のように述べています。

「この著書は哲学的視線を主体からそらし事象そのものに目を向けることから『新スコラ哲学』ともみなされました。事象そのものに基づく客観性が強調され、批判主義のように、事柄が存在し、それを認識し理解する人間の意識があるということではないのです。ほとんどの若い現象学者は徹底した現実主義者でした」(99)。

というのは、一般的に現象学は、事象の本質、つまり事象のあるがままを問うという認識方法を提唱します。自然科学のように実証分析によって事象の現実を把握しようとするのでもなく、歴史主義がすすめるような実際に体験したことを通してするのでもありません。(これも助けとなることがあるかも知れませんが、それに関連して、聖書釈義は歴史批判方法論を絶対視する危険をおかしているのではないかと思われます。)現象学は理性の直感能力を分析することが追及されます。感覚には事物の感性的知覚が表されるように、理性には現実の本質が表されます。この認識は外的な事象と自分の経験に対する自身の偏見や臆見を捨てることによって得られ、事象の本質をとらえようとする開かれた意識から出発しています。現象学の対象は疑うことのできないものであり、その疑うことのできないものは「事象についての私の体験」です。[100] 体験において「我」が存在します。そしてその経験の中においてのみ「我」は体験そのもののように決して疑うことができず取り除き得ないものです。私の体験のなかに表れる事象や現象の本質に近づくためには、躓きとなるものすべてから解放されなければなりません。

厳密な意味で、聖書を読み、解釈するのにこの方法論を適応させることはたやすいことではありませんが、相対的な意味でこれは、叙述的観点からみて聖書に近づくことを可能にさせます。つまり、聖書記者が読者のうちに呼び起こそうとする内容を明らかにするのを助けてくれるでしょう。そのために聖書記者は、特定な方法によって収集した資料を紹介するとか、いくつかの要素を強調したり取り除いたりするなど、自分の手の内にある文学的な手法を利用するのです。

このアプローチは、エディット・シュタインの聖書解釈において直接的に実証されない仮説です。しかし、このことは常に念頭に置いておく必要があります。というのも、彼女自身、現象学を「自分の母語」と定義しているからです。現象学のこの領域において、「感情移入」とはエディットにとってどういうことだったのかを理解しなくてはなりません。

2 「感情移入」認識と交わり

一九一三年に、現象学派のもとで直接学ぶことを決心したときから、エディットはまさにそこが自分の居場所だと思いました。ゲッティンゲン大学に着いたときはフッサールのもとで一学期だけ学ぶつもりでしたが、すぐに現象学こそ自分の研究を深める分野であり方法であると悟りました。ゲッティンゲン大学に来て数か月後、フッサールの指導のもとで「感情移入」と題した哲学の博士論文を準備したいと彼に願い出ました。この課題についてはフッサールが授業で教えていましたが、まだ深いところまでは明らかにされていませんでした。

一九一四年から一九一六年までは、エディットはその他の勉強や活動もしながら、ほとんどの時間を論文作成に費やしていました。野戦病院での看護師のボランティア活動が続いたためこの作業を六カ月余り中断しなければなりませんでしたが、戦地で負傷者や死者と関わったことやそこでの経験は彼女自身を豊かにさせ、再び論文着手への思いに駆り立てられました。そして一九一六年八月三日、「感情移入の問題」(101) と題されたエディットの博士論文は、フライブルグ大学より最優秀の評価をもって哲学博士号を授与されました。

感情移入をどのように聖書の解読に適応させるかを知るには、この認識行為の大筋をいくつか前もって明らかにしておかなければならないでしょう。エディット・シュタインにとって、感情移入をすることは、哲学と宗教の道における根本的な姿勢です。それは結局のところ、主体間の交わりに関わるものだからです。これは真のコミュニケーションの基本であり、それはただ精神的な存在同士の間でしか成立しません。しかし、感情移入とは実際のところいったい何なのでしょう？ 正しい理解のために、三つの要素を区別する必要があります。

―私は他者の状況を感知する（他者の個人的体験）

―他者の経験を自分のものとする（他者の個人的体験が自分のものとなる）

―他者のうちに私が感知したその体験を、自分の経験として認識する

感情移入とは、これらの三つの要素が結合することを意味し、感情移入の行為の目的は、ただ単に客観的に認識するのではなく、他者の状況において理解し、全人格において他者を見出すことです。

感情移入（Einfühlung）とは、記憶、想像、外的な知覚といくらか共通する部分もありますが、それらと混同されることのない認識行為です。「他者の体験のこうした多様性はすべて、その体験の中で表現される行為の基本的なジャンルを指しており、この言葉に関連したすべての歴史的伝統を考慮した上で、私たち

はこれを『感情移入』と名付けました」。[102] エディットが最初に提起することは、〝これらの行為の本質の一般性を知覚し、言い表すこと〟です。強調するのは事象を構築している個人の意識です。この意味で意識に対する見解は精神的なものであり自然に起こることではなく、感情移入はこの精神の領域で働きます。それは理論上、また体験を通して前もって予想されたもので ―エディットの生涯に起こるように― 神秘体験への心の開きです。[103]

感情移入とは、「他者」の現実が「我」の最も深いところでの経験の要素に変えられる行為と理解できます。[104] それは観察し知覚することによって、他者性すなわち「他者」の実在と体験を知覚することです。[105] しかしながら、他者の経験を自分の体験とすることは、もともとは他者がしたものだとして尊重しなくてはならないということを明確にしておかなければなりません。それは単に、他者が喜んでいるから、あるいは悲しんでいるから自分も喜び悲しむということではなく、「他者の喜びあるいは悲しみ」をその他者の立場において自分も生きることができるということです。感情移入によって客観的な世界、すなわち自己をはるかに

超える世界とのとかかわりが生まれます。(106)

ここではエディットが研究の中で明らかにしようとした認識論のプロセスの全体像にこだわる必要はないでしょう。私たちの目的としては、今は感情移入が大切なものであるということを強調しておくだけで十分でしょう。実際、感情移入はすべての認識行為の基礎です（感情的なもの、あるいは意志によるものであっても、また判断によるものや叙述的なものであっても）。感情移入によって、他者の心理的――精神的存在を把握することができるのです。その上、感情移入こそが人と人との間において、経験を交換したり、循環させたりすることを可能にするのです。しかし、このコミュニケーションは、二人の経験が混同することではなく、自分ではなく他者の実際の体験であってもそれについて語ることができるというものであるということをしっかり踏まえておかねばなりません。

まさにそれだからこそ、本物の感情移入とは他者の経験を「切り離す」のではなく、それを本来の場所、つまり他者の中で生きること、感情的に望むなら、他者が感じていることそのままを自分も受け取るのです。ですからエディット・シュタインが感情移入の研究において、人間は超越するものである、つまり、物質性の中で終わってしまうものではなくて、感覚的・物質的限界を超えた交わりに入ることを可能にさせる精神性を持っているものだという結論に至ったことは驚くことではないでしょう。[107]さらに、エディット・シュタインは、感情移入は真の人間共同体を生むための基礎であり、そこでは個々の人が単なる客体ではなく、何よりもまず自分自身のアイデンティティーを失わずに交わりに入ることのできる経験を持つものなのです。[108]

すでに記したように、感情移入で自分の中に取り入れた経験の内容は私のものではありません。それは他者の喜びであり悲しみです。それにも関わらず私はそれを自分の奥底で感じ、それを生きるのです。結局は自分のものではない経験を自分の内面で経験し、自分の感情ではないそれを自分の奥深くで感じるのです。しかし、この経験はさらにもっと深い意味を持っています。感情移入をするということは、「我」の経験の領域を他者の領域へと広げることを意味し、我と他者の違いは失せることがないと知りつつ他者性の超越の世界に入ってゆくために自分のエゴイズムから出ることです。それゆえ、それは超越する能力、つまり、自分自身の「我」から他者の「我」に向かって出てゆくことのできる能力です。

感情移入は自分の経験を豊かにさせることができます。(109) 他者の経験、原則としては私たちのとは違い、私たちが経験したこともなく、経験する可能性もないものであるかもしれません。他者の経験に入り込むことは、私たちを超えて、自分には未知なところへと入ってゆくことを意味するといえましょう。そして自らの経験以上のものへと変容することができ、自分自身の世界観をもっと豊かにさせてくれるでしょう。(110)

しかしそれは共感すること、また他者の望みにおいてのみ可能な体験であり、全く未知なるものに向かって自分自身を開き、広げます。この共感は、感情移入された感情や思いが持続し、原因に入り込む時に理解されます。(111) この意味で感情移入は他者と結びつけるエネルギーと理解することができるでしょう。それは、感情ただ単に感情的に共感するということを遙かに超えるものであり、愛と交わりに開かれたものです。これを執筆していた時、エディットはまだキリスト教に回心していなかったにも拘らず、感情移入の行為をまさに神との関わりに適用していたことに私たちは気づきます。仮説として紹介されてはいますが、エディットは、感情移入はキリスト者が神の愛を理解する方法でもあり、また神が人間の生き方を捉える方法でもあると考えています。(112) この彼女の確信ある発言だけでも、聖書を読むのに感情移入を用いることの大切さがわかります。

これまで見てきたことにより、感情移入は、個人的にあるいは共同体的に他者とあるいは神とかかわる際に根本的なことだと理解できます。イタリアの女性哲学者ルイジア・ディ・ピントが言っているように、感情移入は現実を楽観的にみるための鍵でもあります。

「感情移入の活力は—私の考えでは—エディットがこの世界をポジティブにとらえるための鍵でした。というのは我々が世界との間に一歩一歩親しい確かな関係を築いたときのみ感情移入の真の関係性がはっきり示されると指摘しているからであり、その関係は新約聖書に見られる愛である神の象徴が保証し開いてくださることができるのです。それゆえ、シュタインの感情移入は他者、あるいは神（である他者）のうちに存在するいのちに触れるよう押しやるポジティブな活力であり、合理主義者や経済至上主義者が支配や不毛な感傷によって思い描くものではありません」(113)。

感情移入によって、他者が感じていること、または生きていることを表すことができることで、愛に満ちた関わりが可能となります。感情移入することは、他者と出会い、向かい合うために自分自身から出ること、さらには他者との違いまでも受け入れる、またはその意志があるということです。それゆえ、感情移入は他者を知るための源泉であり、さらに、個人的に自分を知るための基礎でもあるのです(114)。他者を見ることによって同時に自分ではないものを発見することができるのです(115)。

この意味で、さらに感情移入は、生命エネルギーを、いうなれば感覚の力を、具体的に交わすことの上に成り立っている生き生きとした関係を確立する能力でもあります。そしてそれは言葉によらない基盤を築き、そこからは、他者に関するその経験、歴史的状況、社会的、政治的、経済的、そして宗教的な具体的な認識が生まれます。しかし、それは偏見や知的カテゴリーに囚われない認識です。というのも、感情移入は他者とその経験をその人自身のうちに探そうとするからです。この意味から、感情移入は直感を使うことだけを要求するのではなく、何よりも、大人の場合、あらゆる偏見から自分を解放するかなりの知的抑制を働かせ、客観的理性、また、自分とは本質も経験も異なるものに対して開かれた態度をとること、そしてこの世は自分が知っていることや生きていることに尽きるわけではないということを明確に認識することを求めます。

エディット・シュタインによると、感情移入を実行に移すことが自然と上手にできる人たちがいます。まず、まだ偏見に「汚染」されていない子どもたち、現実を前にして、これをより大きな感性の力で描写する芸術家[116]、そして、認識の仕方や考え方が一層生けるもの、個人的なものへ向けて方向づけられている女性です。このことに関して、エディットは次のように断言しています。

「女性は、おのずから生命あるもの、又その人格の全体的なものへと向けられています。養育し、守り、養い、食育し、慈しみ、成長を助けることは、女性の自然で、本質的な母性の望みなのです。単なる物質に関しては、女性はそのもの自体には興味を覚えず、ただそれが人間に役立つ場合においてのみ興味を示します。これとともにまた、抽象とはあらゆる意味で、女性の本性からかけ離れたものです。命ある、人格そのものに女性が心を配ることはすべて具体的なことです。それらは、ある部分を犠牲にした一部分ではなく、全てが護られ育まれることを望んでいる具体的な全体なのです。この実際的な行動は理にかなっています。女性が物事を自然に理解する方法は、物事を理論的に分析して理解するというよりも、具体的なものに向かい、それを観想し、感じ取るということです。女性にとって、そのこと自体は違和感を持つことであり、心に掛けるようなことがないものであっても、又その人への興味につながらなければ気にしないような事柄においても、女性はその状況に感情移入的にかかわることができる可能性を持ち、またそうするのが自然なのです」。(117)

その意味では、女性は本来、聖書を感情移入的に読むことができる大きな可能性を持っており、それはまさに女性性固有のものと言うことができるでしょう。(118)

3 「感情移入」による聖書へのアプローチ

感情移入の行為についてこれまで私たちが見てきたことはすべて、人間特有なこの手段を用いて聖書を読むことがどれほど正当であるかを示しています。実際、聖書の中で私たちは冷たい歴史的叙述に出会うのではなく、長い歴史を通して救いとして少しずつご自分を現わされた深奥な神の体験に出会うのです。聖書を構成している様々な聖書文書の著者たちは、多くの場合、救いの歴史における神の現存と神の歩みの優れた証人です。

聖書記者（最もわかりやすいのは福音記者の場合でしょう）の直接的な目的の一つは、実際に生きた証しを告げ知らせることによって信仰を呼び起こすことにありました。実際、四福音記者たちはイエス・キリストについて書こうとした時、読者の目の前に今までとは異なった新しい体験を示し、イエスに近づき、イエスと御父を知ることができる可能性を彼らに与えようと試みたと考えられます。もし信仰において感情移入されれば、必然的にイエスは主であるという告白につながるのです。

この意味で、福音記者の意図は、感情移入の行為の直接の対象になる体験的内容を提供し、読者もそれを自分のものとして適用することにあります。このようにして聖書に近づく人は、おそらく聖書の本質の大部分を理解することができるでしょう。そして冷ややかな傍観者のような態度で聖書を読むのではなく、聖書の中で語られている現実そのものに自分がかかわっていることに気づくでしょう。ほとんど未知の「新しい世界」に連れて行かれるのですが、本人が気づかないうちにそこで変容されて行きます。そしてそれは、その人がすでに持っている信仰をさらに強めて、そこに近づけばより効果的なものとなるでしょう。

エディット・シュタインは、たとえまだ信仰を持っていなくとも感情移入で聖書を読むことが信仰の賜物を求めるのを助け、心を開かせ、したがって神、イエス・キリストを信じるようになるということの体験的証人です。感情移入の読み方は人間に対して無関心にさせてはおきません。エディットが神の現存の神秘的体験をする少し前、一九一八年に哲学者ロマン・インガーデンに宛てた手紙の中で、このようにして聖書に近づくことが、どれほど自分自身の存在に影響を及ぼし、問いかけることになるかを私たちに気づかせてくれます。

「世の歴史の中で人類はどのような役目を果たしているかを知ろうとして何度も私は無駄な努力をしています。しばらく前、ルカ福音書のある個所が私の注意をひきました。『人の子は定められたとおり去って行く。だが、人の子を裏切るその者は不幸だ』（ルカ22・22）。これはすべての人に当てはまるのではないでしょうか？ 事を引き起こすのは私たちで、その責任があるのも私たちです。しかしながら、本当のところ私たちは自分たちがしていることが分かりませんし、この世の歴史の中でたとえ失敗したとしても、それを止めることも出来ません。確かにこれはたやすく理解できることではありません。それはそれとして、私には宗教と歴史は密接に関係していくように思われます…」(119)

そして、自分自身の経験と他者の経験の間に共感を見いだせるなら、感情移入によって、歴史や過去、ある人物の出来事や経験を自分に引き寄せるようにして追体験することが可能となります。このことは感情移入ができる人にとって、特に神との直接的な体験が大きければ大きいほど可能なのです。この意味で、また、ロルフ・キューンがエディット・シュタインにおける哲学的直観の基礎を研究していた時肯定したように、もっとも純粋で真の感情移入は神秘的生活において実践されるのです。(120)

エディット・シュタインにとって聖人、神秘家とは、非常に進んだ感情移入の能力をもっていて、現実に対してより明晰で客観的な感覚を持ち、そして聖書の物語に描かれている体験を感知する非常に大きな能力を持っていることを意味します。(121) 十字架の聖ヨハネの聖書との関わりについてエディットは次のように言います。

「…彼自身の体験は、聖書の神秘的な認識へと彼の目を開かせます…彼にとってはすべてが透明であり、彼が求めている唯一のもの、すなわち、神へ向かう魂の道、そして魂の中で起こる神の業へ、ますます豊かで深い眼差しを向けるよう導きます」(122)。

聖書を読むにあたって、感情移入を適用するためにエディットが私たちに薦めるいくつかの実際的な提案を紹介する前に、この段落を次のように述べて締めくくることができるでしょう。すなわち、感情移入による聖書の読み方は、単に正当なものであるだけでなく、それは啓示のメッセージを個人的に把握するために誰にでも手の届く鍵ともなり得、それを実生活に当てはめてゆくことができるのです。それは現代の聖書解釈に見られる最近の傾向に巻き込まれる危険を防いでくれるでしょう。その危険とは、聖書を読む前に、言語、歴史的条件、言語レベル、その文書を書いた作者についてなどを知っていなければ聖書のメッセージに近づくことはできないと私たちに信じさせることです。

聖書を感情移入して読むことは、最終的には、聖書が私たちに語る経験、出来事や人物の内に少しずつ受肉されてきた神のいのちそのものの領域へ入ってゆくことを意味します。エディット・シュタインはそのことについての研究論文を残していません。しかし、この手段は私たちが感情移入を聖書の読み方に応用できるように必要な手掛かりを与えてくれます。

4 詩編作者の考えの中に入る

エディット・シュタインは、詩編に精通した人でした。彼女は洗礼を受けたときから詩編を唱えていたばかりか、一緒に生活していた修道女たちが、その内容に深く入ることができるように詩編の大部分をラテン語からドイツ語に訳したのです。通常、修道女たちのわずかなラテン語の知識では、詩編の意味を理解できませんでした。エディット・シュタインは、教会の祈りへの信徒の活発な参加を促す「典礼運動」に身近にかかわり、精魂込めてそれに打ち込みました。ボイロンのベネディクト会への頻繁な訪問が、彼女を美しい典礼の流れに深く引き込みました。

彼女がユダヤ人であることや、幼いころからユダヤ教の過ぎ越しの祭りなどの祭典の時に聞いた詩編朗読から感じ取ってきたことなどが、おそらく彼女に深い影響を与えたのでしょう。

エディットのうちに詩編研究を見つけるつもりはありません。それでも私たちが出会う参考文献は詩編を読み、黙想し、祈りに親しむためにはこの方向へ、つまり、詩編作者の思いの中に深く入ることに私たちを招きます。それは、詩篇を前にしたとき、詩編作者がこのように表現するに至った体験とはどのようなものであったかを自問することに主眼が置かれています。この内容とは例えば勝利の喜び、追放の悲しみ、罪、賛美、絶望、恐れ等です。

詩編は、詩歌書であり、神体験の自由な表現であり、感情移入することで、そこに示された大胆な手法や沢山のイメージによって、多くのひらめきを与える要素を見出せる場となります。[123] エディット・シュタインは、詩編作者を歴史の中に常に存在するこの神秘的流れの一部とみています。聖霊に照らされた詩編作者たちは三位一体を絶えず賛美し続けました。「もしかして、聖霊の優しい息吹で奏でる竪琴は、王である詩編作者の魂だったのではないでしょうか？」[124]。

詩編作者は、いわば経験者です。同時に周りで起こっていることにしっかりと目を開いている人で、神の現存のしるしを感じ取ることができ、それを詩編の形で表すことのできる人です。

「詩編作者は自然界の中に神の声を聞き取ります。もちろん、ただそれだけから神を知るのではありません。すべてのことの中に神を見出すのは、彼が信じ、そして神がその人の心の内に話しかけられるからです。それでもたやすく言い表すことのできないようなイメージは、自然を直観することによって生み出すことが出来たのです」[125]。

詩編作者が使うこの手段は、多くの詩編の中に見られます。自然そのものが神の賛美のための、また神の現存をイメージで表すための源泉となっています。

「詩編の言葉には神の支配の経験が、個々の運命だけでなく重大な意味を持つ歴史的な出来事においても、明らかにされています。このこととたとえ話に関しては感性的知覚は脇に置かれます。ここでいうイメージとは、原体験で与えられるものより、より精神的な透明性を前提とした理想を言います」[126]。

時として、憐み深い父としての神理解から私たちを遠ざけてしまうもう一連のイメージは、詩編作者の頭の中では意味あることなのです。

「詩編作者が、聖なる歴史として伝えてきた選ばれた民の物語―神の感嘆すべき約束と恵みの業、繰り返された民の背きと、その結果与えられた恐ろしい罰―に思いを巡らすとき、神は「みなしごの父」であり、誠実で行き届いた世話をする牧者としてのイメージと共に、「屠られる羊」として自らの民を見放し、彼らに対して激しく怒れる審判のようなイメージを抱かせます」(127)。

詩編作者は言葉とイメージを使って、これらすべての出来事の奥に隠れていることを「感情移入的」にとらえさせる一連のシンボルを人々に提供して、信仰を奮い立たせようとする意図を示唆しています。

「詩編を聴き、歌う人々は、詩編作者たちと同じ伝統の中に身を置くことで、信仰の拠り所として詩編の言葉を理解しました。人々の心の中に生きてい

ることを語り、そこに眠っているものを目覚めさせました」。(128)

その一例として、エディットが発見したのは、すべてのユダヤ人と同じように、詩編の朗読に参加なさっていたイエスご自身です。

「福音の記述から、私たちはキリストが律法に忠実なユダヤ人信徒たちが祈るように祈られたと知っています。幼い時から両親とともに祈り、その後は神殿の祭儀に参加するために弟子を伴って巡礼に行かれた時にも祈っておられました。おそらくイエスは弟子たちとともに、巡礼の喜びが沸き上がる賛歌「神の家に行こうといわれて私の心は喜びにはずんだ」(詩122・1)を、神聖な高揚をもってうたわれたでしょう。今日でもパンとぶどう酒と大地の実りを捧げるときに唱えられている古くから伝わる祝福の祈りをイエスが唱えられたということは、弟子たちと共に行なった最後の晩餐の記述が立証しています。それは宗教的な最も聖なる務めの一つを果たすことで、エジプトの隷属からの解放を記念する荘厳な過ぎ越しの食事でした」。(129)

これまで私たちはエディットの考察を明らかにしながら、詩編作者の意図と言葉の用い方に限って理解してきました。基本的にこのことは感情移入による詩編へのアプローチとして役立つでしょう。そのためには、少なくとも次の2つの要素がなくてはなりません。

—詩編作者が私たちに伝えたいと思っている感情（喜び、悲しみ、勝利、敗北、希望、痛み苦しみ、追放…）。

—用いられたイメージとそれらのイメージの根底にある内容。それはつまり、例えば主を火、雷などと呼ぶことは、神の力強さと権威を伝えています。キリスト教徒の目から見たらほとんど信じられないような一連の歴史的イメージ（例えば選ばれた民の敵に対して恐ろしい罰を暗示していることなど）は、神が全知全能で正義そのもので、歴史の主であるということがいかに重要なメッセージであるかを、詩編作者が私たちに理解させたいのです。このようにみれば詩編作者の思いに入ることが一層たやすくなるでしょう。

エディットが書き残した莫大な量の著書に、部分的ですが詩編をどのように感情移入して読むかの例が一か所だけあり、そこでは詩編118を取り上げています。ここに彼女の書いた物を書き写しましょう。

「主の掟ということから何を理解しますか？ 毎日曜日と大祝日の朝の祈りで唱える詩編118は掟を知りたい、そして生涯にわたってその掟に導かれるままになりたいという望みで満ちています。詩編作者はその時、古い契約のことを考えていました。ですから当然、生涯学ぶこととそれを意志をもって生涯貫くことを強く求めました。しかしキリストは律法のこの重いくびきから私たちを解放してくださいました。私たちは、キリストがすべての掟と預言はそこに集約されていると言われた愛の偉大な掟を、新しい契約の教えとして観想することができます。神と隣人に対する完全な愛は生涯観想し続けるに値することです。しかし、キリストご自身を新しい掟とみなしたほうが良いでしょう。というのも彼ご自身がその生きざまをもって私たちがどのように生きねばならないかを模範として示してくださったからです」(130)。

このテキストからエディットがどれほど特別な関心を抱いてこの詩編に取り組んでいるかがわかります。それでもまず初めに明らかにすることは、詩編作者の「掟を知り、生涯その掟に導かれたい」と願う〝心の在り方〟です。詩編の中にあるシンボルや内容を明確に分析しているわけではありませんが、次のように結論しています。「詩編作者はその時古い契約のことを考えていました。その知識は確かに生涯かけて学ぶことであり、それには意志をもって生涯貫いて学ぶことを強く求めました。」しかしそれでもなお、私たちは、詩編全体の意味をより理解するための大きな助けとなり得る新しい要素に出合います。それは、「しかし、この掟のくびきからキリストは私たちを解放してくださった」という詩編作者の願いの完全な実現者として、すべてをキリストに向けて根拠づけていることです。ここからエディットがキリストを中心とした詩編の読み方を擁護していたと推定することができるでしょう。キリストは詩篇作者によって表現されたすべての願い、あこがれ、感情の対象であり熱望です。

5　キリストの感情や思いに「感情移入」する

エディット・シュタインはキリストに到達し、感情移入するいくつかの道を知っていました。それは祈り、典礼、聖体祭儀、聖体礼拝[131]、そして、福音を黙想しながら読むことです。今は、最後の点に限定して見ていきましょう。

エディット・シュタインにとってすべてのキリスト教の養成や教育の目的は「キリストの姿」を体現することにありました[132]。キリストに従う道は、ただキリストの行いに倣うことに尽きるのではなく、キリストに似た者となり、「もう一人のキリスト」として変容することにつながるものでなければなりません。この道において、キリストに感情移入し、キリストの感情や思いを自分のものにする能力は大変重要な役割を果たします。ですからエディットが「福音書を学ぶことを決してやめてはなりません」[133]と断言したのは全く驚くことではありません。まさに福音の中に、神であり人であるキリストに対して私たちが持っている最も確かなイメージを見出すことができるからです。

キリストに従う者、キリスト者は、いくつか義務を果たせばよいというものではありません。人はキリストの本質の充満に至るように、そして新たに神の子に変容するように、キリストに呼ばれているのです。このことは、キリストに従う道をたどることによってのみ可能なのです。「キリストに属するものは、生涯キリストのいのちを生きなければなりません。キリストの豊かさに達し、ゲッセマネまでそしてゴルゴタまでキリストの十字架の道をたどらねばなりません」[134]。おそらくシュタイン的キリスト論を理解するためのこの基本の鍵をふまえて、彼女は過ぎ越しの神秘、贖いの神秘にまつわるキリストの思いを追体験して生きるように強調しているのです。そして、これは単なる感傷主義的な手法ではなく、キリストの神秘が意味するものをより実存的に理解し、それを実際の生き方の中に取り入れ、変えるためのアプローチなのです。すでにイエスの聖テレサは念禱の中でキリストを現存させる方法として、これに似たようなことを私たちに呼びかけていました。

「うれしいときは、ご復活のみあるじをおながめなさい。どのように、お墓をお出になったかを考えるだけで、あなたがたはうれしくてたまらないでしょう。なんとまばゆい光輝に包まれ、なんと美しく、何と威厳にみちておいでになるのでしょう。何と勝利に輝いておられること、なんと喜びにあふれておられること！　主はまるで輝かしい勝者として凱旋する人のようです。その戦いでこよなく偉大な王国をかち得られ、その王国のすべてと、それとともにご自分自身までを、あなた方が所有することを望んでおいでになるのです…　試練のうちにあるのなら、あるいは心が悲しいのなら、ゲッセマネの園に行かれる主をおながめなさい。なんと底知れぬ悲しみが主のご霊魂にのしかかっていたのでしょう。忍耐そのものであられながら、それを口に洩らされ、お嘆きになったのですから。あるいは鞭打ちの柱に縛りつけられ、全身あますところなく苦痛にさいなまれ、あなたがたに対する大きな愛のゆえに肉が引き裂かれておられる主をおながめなさい。なんとお苦しみになったのでしょう。ある者からはしいたげられ、ある者からはつばを吐きかけられ、友からは否まれ、また見捨てられ、だれもかばってくれる人もなく、寒さにこごえ、まったくの孤独にとりのこされて…。あるいはまた、十字架をになわれ、人びとが息つく暇さえさしあげない主をごらんなさい… 主よ、ごいっしょに歩みましょう。あなたの行かれる所は、どこにでも私は参ります。あなたがおくぐりになるところは、どこでもくぐります」[135]。(引用訳　完徳の道　東京カルメル会、二〇〇六年)

テレサのこれらの言葉は、いくらか趣は異なっていますが、エディットの私たちへの招きに近づけてくれます。いくつかの実際的な例を見てみましょう。その出発点として、キリストの地上における全ての歩みについて彼女が提供する概観を取り上げます。そこではキリストの全生涯とその神秘を支配する中心的な思い、つまり愛が強調されています。これが他のすべてを解釈し、理解するための一つの鍵となるでしょう。

「本性からも自由な決断においてもキリストには愛に反することは何もありませんでした。彼の存在の一瞬一瞬は全面的に神の愛に捧げられていました。しかし、人間になることによって人類のすべての罪の重荷を全てご自身で負い、憐れみ深い愛のうちにそれらを受け入れました。そのことを地上の生活を始めた時の、また洗礼の時にも繰り返されたあの、Ecce Venio（私は来た）、さらにゲッセマネのフィアット（なれかし）という言葉とともに、ご自身の心に秘めていました。このようにして罪の許しのためのいけにえを捧げ尽くしていったのです。まず最初は内面で、その後は生涯を通じてのすべての痛み苦しみのなかで、しかし最も酷かったのはゲッセマネの園と十字架上でした。なぜなら、それまでキリストの心に満ちていた人性と神性の位格の一致の喜びさえもが取り去られたのですから。それは神から全く見放される試練を受けるほど、完全に苦しみにさいなまれるままになるためでした。El Consumatum est（成し遂げられた）は贖罪のいけにえの終わりをつげ、El Pater, in manus tuas commendo spiritum meum（父よ、わたしの霊を御手にゆだねます）は永遠で不変の愛の一致へ決定的に戻ったことを意味します」[136]。

キリストの生涯を支配していた中心的な思いは愛であるという見方をエディットは次のように言って締めくくっています。イエスの地上での存在が繰り広げられてゆく中で、私たちはこの愛とともに、またもう一つの根本的な意味を見出します。それは御父のみ旨を行い、成し遂げるということです[137]。愛と御父のみ旨の完成というこの二つの鍵から、エディットはキリストの思いをより明確に私たちに示している福音書のいくつかのテキストにアプローチしています。

その中の一つは最後の晩餐です。エディットはマタイ福音書26・26―28の紹介から始めます。「一同が食事をしているとき、イエスはパンを取り、賛美の祈りを唱えて、それを裂き、弟子たちに与えながら言われた。『取って食べなさい。これはわたしの体である。』また、杯を取り、感謝の祈りを唱え、彼らに渡して言われた。『皆、この杯から飲みなさい。これは、罪が赦されるように、多くの人のために流されるわたしの血、契約の血である』」。続いてエディットはこのテキストの解説をしますが、そのためには、ユダヤ人の伝統に関しての彼女の知識が役立ちます。「パンとぶどう酒を祝別し、分け与えることは過ぎ越しの祭儀の一部分でした」。そして続いてこの現実が意味することを複雑に解釈していきます。

「しかし、この二つのことは、過ぎ越しの食事で、枝が幹に接ぎ木されることによって、霊が注ぎ出るのを可能にするという全く新しい意味を持つようになったのです。古い祝別の祈りはキリストの口を通じて新しい命を創造するものと変えられたのです。大地の実りは命に満ちたキリストの御体と御血に変えられました。受肉によって見える形で入られた創造界は今や新しく、神秘的な方法でキリストに結び付いたのです。人間の体を養い維持するために役立ったものは根本的に変容し、それを信仰をもって受けることによって、キリストの命と一体となり、神のいのちに満たされ、人間も変わるのです。命を創造するみ言葉の力はいけにえと結ばれていました。

み言葉は神から授かった命を捧げるために肉となられたのです。自分自身を捧げ尽くすため、またご自分を捧げることによって贖われた被造物を御父への賛美のいけにえとして御父に捧げるためでした。主の最後の晩餐によって、旧約の過ぎ越しの食事は新しい契約の過ぎ越しの食事と変えられました」[138]。

エディットはキリストに感情移入できることによって、福音書の叙述の構成要素を観て思いめぐらす結果、どれほど福音の真実の神学的理解に至ることができるかという一つの明らかな例を示しています。しかし彼女の考察はそこで終わらず、「感謝を捧げて」ということに関してキリストの生涯と、旧約聖書の中にある予型によって解ったことに照らして直観した新しい要素をさらに描写しています。

「主は杯を取られると感謝を捧げました。このことは、祝福の祈りを思い起こさせますがそこには確かに創造主への感謝が含まれています。しかしまた、キリストは奇跡を行う前にはいつも天の御父に目を上げ、感謝を捧げられたことを私たちは知っています。(139) すでに祈りが聞き入れられたことが分かり感謝します。神の力、それはキリストがその伝達者であり、創造主の無限の力を人々の前に表すことに感謝します。成し遂げられる贖いのみ業に感謝します。そしてこの業そのものによって感謝します。それは神聖なる三位一体に栄光を帰することで、ゆがめられた像が清らかな美しいものとして新たにされることです。こうして、キリストの永遠のいけにえの捧げものは、十字架、ミサ、天の永遠の栄光において、唯一の偉大な感謝の行為、エウカリスティアのように考えられます。すなわち創造、贖い、そして完結への感謝の行為です。キリストはすべての被造物の名においてご自身を捧げられます。被造物の原形はキリストであり、被造物を内側から新たにし、完全な状態へと導くためにキリストは被造界にまで降りてこられたのです。さらに被造界全体がキリストと一致して、創造主にふさわしい感謝の行為を捧げるよう呼び掛けてもいるのです」(140)。

これは、福音書の言葉の中に「隠れている」キリストの感情へのアプローチの方法に光を与えてくれるほんの一例です。

おそらく、より簡単で、よりわかり易いのは、エディットに見られるもう一つの例でしょう。ここではもはや福音書のいくつかの節に隠されていることを明らかにする試みではなく、イエスの生涯にわたって繰り返された行為、つまり沈黙のうちになされた御父への祈りをその様々な場面において観想することです。イエスの生涯でこれほど良く見られたこの現実を観想しているうちに、エディットはキリストの感情や思いから、私たちの祈りがどうあるべきかを理解するために基本となるものを把握したいと思いました。キリストの思いは、自分の内面を御父に信頼して開く場としての祈り、まさにそこにおいて明らかに示されるものです。引用文が長くなりますが、この文章自体がキリストの感情や思いに感情移入するための鍵を示してくれると思います。

「福音書によるとキリストは夜の静けさの中で、山の上で人々から離れて、一人で祈っておられました。四十日四十夜の祈りがイエスの公生活が始まる前にありました（マタ4・1－2）。十二使徒を選び、派遣する前も祈るために人けのない山に行かれました（ルカ6・12）。オリーブ山でゴルゴタの山に登る準備をなさいました。生涯の中で最も苦しいこの時にキリストが御父に叫ばれたことはわずかな言葉で残されていて、それは私たちの「ゲッセマネ」の時に導いてくれる星として私たちに与えられたものです。「父よ、御心なら、この杯を私から取りのけてください。しかし、わたしの願いではなく、御心のままに行ってください」（ルカ22・42）。この言葉は稲光のように一瞬のうちにイエスの親密な生活、人であり神であるという計り知れない神秘、また御父との対話について私たちに光を与えてくれます。御父との対話はキリストの生涯にわたって決して途切れることがありませんでした。キリストは群衆から離れたときだけでなく、人々の中にあってさえ深く祈りました。そして一度、その親密な神との対話の秘密を長く深く眺めることを私たちにゆるしてくださいました。それはゲッセマネの時の少し前のことで、そこへ向かって行く直前、すなわち最後の晩餐が終わった時で、私たちはそれが教会が生まれた瞬間であると認識した時です。すなわち『世にいる弟子たちを愛して、この上なく愛し抜かれた』（ヨハ13・1）。キリストはこれが最後の集会だと知っておられ、ご自分の手の内にあるものを全部彼らに与えたいと思われたのですが、それ以上語らないよう御自分を抑えなければなりませんでした。言ったとしても彼らにはそれが理解できないと知っておられたからです。これまで聞いた少しばかりのことでさえわからなかったのですから。彼らの目を開くためには真理の霊が来なければなりませんでした。それからキリストは可能な限りのことを彼らに告げ、おこなった後、天を仰ぎ、皆の前で御父に語られました（ヨハ17）。これらの言葉を私たちは〝イエスの祭司的祈り〟と呼んでいます」(141)。

私たちにたくさんの光を与えてくれるこの長い引用文は、私たちが言及してきた同作品の中で、エディットがヨハネ福音書17章から引用しているこの断言をもって締めくくりましょう。すなわち「イエスの祭司の祈りはイエスの内面生活の神秘を垣間見せてくれます」(142)。エディットはあえてこのテキストを解説しませんでしたが、彼女は以前に行なったことのある、〝祭司的祈り〟に基づく感情移入によってキリストの思いを理解してみることに私たちを招いています。その祈りはキリストの最も深い感情や思いと共に、神の位格の相互内在と魂における神の内在を垣間見せてくれます。(143)

6 キリストと同じ感情や思いを生きる

キリストの感情や思いの中に入っていく目的は歴史上のイエスを身近に知ることだけではありません。最終の目標は、キリストと同じ姿に作り替えられていくこと、つまり、キリストの感情や思いを十分に知ること、キリストと同じ思いをもって自分も生きることとです。この二つは必然的に結びついています。キリストに近づく人はキリストの業に関わっていくことになるのです。

「まぶねの幼子は腕を差し伸べます。そしてそのほほえみはのちに大人になった彼の口が語りかけているかのようです。『疲れた者、重荷を負う者はだれでもわたしのもとに来なさい。休ませてあげよう』[144]。その手は与え、同時に求めます。賢者であるあなた方は知識を捨て、子どものように単純になりなさい。王であるあなた方は、冠と宝を手放し〝王の中の王〟の前にへりくだって頭を下げなさい。すぐに自分の務めに伴う疲れ、悲しみ、苦しみを背負いなさい…私に従いなさい！と幼子の手は言っています。のちに幼子が大人となってそう語ったように。まぶねの中の幼子の前で霊が分かれます。彼は王たちの王で、生と死を司る主です。「私に従いなさい」[145]と（彼にとどまらないものは彼に反するものであると）呼びかけ、そして私たちにも語りかけ、光か闇かの決断の前に私たちを立たせます」[146]。

キリストのために決断するということは、先に指摘したキリストの生き方の特徴である二つの要素を身に引き受けることです。

ひとつめは御父のみ旨に従って生きること「Fiat voluntas tua（マタ6・10）がその全ての内容において、キリスト者の生き方の指針とならなければなりません」[147]。

次にキリストのように隣人を愛すること、「キリストの愛は限界を知らず、決して疲れることがありません[148]。汚れやみじめさを前にして驚くこともありません。キリストは罪人のために来られたのであり、正しい者のために来たのではないのです。キリストの愛が私たちの内に生きていれば、私たちはキリストのように行い、失われた羊たちを探しに出かけます[149]。」

キリストの思いに添って変えられてゆくと、人々に対する無関心が断ち切られ、最終的には「キリストの尺度」に従って自分の全存在が内面的に変えられてゆくことになります（エフェ4・13）。エディットはこの現実を、私たちが見ることのできた彼女の人生においても、著作においても、何度も繰り返し伝えています。これらに関して彼女が大まかに書き記した一部を紹介します。

―キリストの業への一致「神が私に与えてくださったすべてのもの、それらの内の何一つとして失われることがないように」[150]。この言葉で『遺書』を締めくくったエディットは、キリストとの深い一致に達していたことを私たちに見出させてくれます。それゆえ、自分の生と死にキリストと同じ意味を与える覚悟でいたのです。（参照 ヨハ17・9─11、24）。─生き方の選択においてキリストと一致する。つまり、清貧、従順、貞潔という福音的勧告の次元で生きること。神に奉献されたものに限られた道としてではなく、人類すべてに向けてキリストが開かれた道、そしてそれぞれの人が自分の置かれた立場で生きねばならない道として。これこそ聖マリアがご自分のこどもたちに望むことで、彼女の御子が友に勧告したことです。清貧、従順、貞潔の道。彼らはこれを求めます、なぜならこの道こそ彼ら自らが選んだものだからです。その道を進まなければなりません。なぜなら、それはまさに聖三位一体によって示された完徳に至る王道だからです。[151]

─最も必要としている人々の内にキリストを見る。ハンガリーの聖エリザベトを調べていた時にエディットが見出したことです。「これらの最も小さな者にしたことは、私にしてくれたことです」（マタ25・40）。聖エリザベトは、すべての飢えた者、困窮している者、病気の人の中に苦しむ救い主を見ます。「イエスは世にいる弟子たちを愛して、この上なく愛し抜かれた」（ヨハ13・1）彼女にとって、彼らにただパンを与えるだけでは十分ではありませんでした。彼女は自分の心を捧げたのです…すべては単純な事でした。エリザベトは何か他のことをしたのではなく、ただ信仰に真剣に向き合ったのです。**このような結果を生み出すのは福音の単純な言葉なのです**[152]。

―キリストの内に全人類を見る。ここから教会をキリストの体として観想する神秘的意味がエディットの内に生じてきます。「苦しむ救い主をしのんで、これまで厳しい運命を受け入れてきた人は誰でも、そのことによって主の重荷の一端を担ってきたのです…」[153]

7　十字架の知恵

エディット・シュタインによれば、十字架につけられたキリストと同じ姿に変えられることが、キリストへの真の感情移入を最も良く表します。受難と死の神秘に深く入れる人だけがキリストの業が真に意味するものを推し量ることができ、キリストに従うために、完全に自分を明け渡すことができるのです。確かにそれは自分の力だけでできることではなく、何よりもまず神の業と恵みの賜物によることなのですが、それでもその神秘にはほとんど近づくこともできません。苦しみの極みという意味からエディットは、十字架の神秘について次のように記しています。

「たとえ人間の苦しみがどれほど深いものであったとしても、キリストの受難と比べ得るほどのものがあるでしょうか？ キリストはご自分の自由な決断によってゲッセマネの夜にこの喜びを断つまで、生涯、神の直観を享受しておられたのです。人間の霊と心では、この剥奪の計り知れない神秘に入っていくことなどできるものではありません。人は至福直観がどのようなものかを想像することも感じることさえもできないのですから。その苦しみを体験なさったただお一人、キリストだけが、この恵みに定められた人に、霊的婚姻において実現される親密な一致の中で、この至福直観をいくらか体験させることがおできになるのです。徹底的に神に見放されたことを感じることは、ただキリストだけのものであり、神であり同時に人間であったからこそキリストのみがその苦しみを味わうことができたのです(154)」。

キリストの思いの深みには、いかなる人間の心も完全に入り込むことができないということが明らかになります。もしいくらかでもそのような現実の何かを体験できたとしても、それは神の恵みの働きによるものなのです。しかし、これはこの道が完全に閉ざされたままであることを意味するわけではありません。人間は、感情移入や体験の努力によって、キリストが私たちの信仰の中心的な神秘に生きておられるという感覚を何らか感じ取ることができるようになるのです。そして十字架のメッセージと一体となっていく十字架の聖ヨハネについてエディットが研究しようとしていたとき、彼女は私たちにひとつの可能な道を示してくれました。この意味で彼女は十字架の学問、知恵を区別することなく語り、それらに体験に基づく意味、実生活に生かされた知恵としての意味を与えています。聖書の中でこのメッセージを把握する方法の一つが感情移入の道です。エディッ

トが注目したのは次の４つの分野です。(155)

―十字架に関するイエスの言葉
―福音書による受難の物語
―旧約聖書における預言
―聖パウロのメッセージ

―十字架に関するイエスの言葉

エディットは、イエスがその生涯を通して様々な場面でご自分の受難と死を告知しただけではなく、(156)ご自分に従うことの中心に十字架を担うという条件を置かれたと次のように指摘しています。「自分の十字架を担ってわたしに従わない者は、わたしにふさわしくない」(157)。エディットが示すように、「すべての困難と重荷の象徴」である十字架を担うことへの招きは、キリストの十字架上での死の意味を理解するための鍵となりえます。「自分の命を救いたいと思う者は、それを失うが、わたしのために命を失う者は、それを救うのである」(158)。キリストに完全に自分を明け渡すことは、次のことを意味します。「キリストとともに死に、キリストとともに復活せねばなりません。それは、一生続く苦しみの中で、日々自分のエゴに死ぬこと、そして機会が与えられれば、福音のために血を流すような殉教をもって死ぬことです」(159)。

―福音書による受難の物語

受難の物語それ自体が重い感動を与えるものなので、難なく感情移入することができます。私たちはキリストが苦しまれたであろう身体的、精神的苦しみに直面するだけでなく、キリストを苦しめた者たちに対する忍耐強く、穏やかで、憐れみに満ちたキリストの応答にも出会うのです。ここで私達は相対する2つの感情の側面に向き合うことになります。

―旧約聖書における預言

エディットはイザヤ預言書の中の主のしもべの詩に注目しています(160)。確かにここで私たちは福音書に描かれているよりもっと明らかな方法で、受難におけるイエスの苦しみが真に意味するものを発見します。この意味で、これらのテキストはキリストが死を前にした時の体験への感情移入を照らしてくれます。エディットは次のように書いています。「ここでは冷酷なリアリズムで描かれている受難に出会うだけでなく、ゴルゴタのドラマが展開した時代の、聖なる、そしてまた冒涜の遠大な歴史的背景が提示されています。創造主、全知全能、この世の主である神は…何世紀にも亘り、花嫁であるイスラエルに愛を求めたのに、何度も何度も蔑まれ、忘れられたのです…」[161]。

旧約聖書に関連して、キリストの思いをより近くから知るために、エディットは預言者たちが神との間に保持していた特別なかかわりに言及しています。[162]それは「全知全能の神が手を置かれたものの召し出しと選別です。その人を神の信頼できる友にさせ、神の命令（decreto）を深く知る者で且つ伝達者にさせる関係、さらに、たゆまぬ奉献と自らの完全な明け渡しを求める関係」です。

キリストと一致し親しくなることの大切さについて完結するにあたり、エディットは雅歌についてごく短い考察を提供します。この雅歌の中に、全人類のために実現された十字架における神の救いの計画がどのようにそれぞれの人の中に受肉したかを解釈するための鍵を見ることができ、ここで「神の細やかな愛情と父の配慮に包まれていることに気付くことができます」(163)。

—聖パウロのメッセージ

十字架の真の学問—知恵を最も広く展開したのは使徒聖パウロです。それをコリントの信徒への手紙一、1・17—18と同22—24で見てみましょう。

「キリストがわたしを遣わされたのは、洗礼を授けるためではなく、福音を告げ知らせるためであり、しかも、キリストの十字架がむなしいものになってしまわぬように、言葉の知恵によらないで告げ知らせるためだからです。十字架の言葉は、滅んでいく者にとっては愚かなものですが、私たち救われる者には神の力です。ユダヤ人はしるしを求めギリシャ人は知恵を探しますが、私たちは十字架につけられたキリストを宣べ伝えています。すなわち、ユダヤ人にはつまずかせるもの、異邦人には愚かなものですが、ユダヤ人であろうがギリシャ人であろうが、召された者には、神の力、神の知恵であるキリストを宣べ伝えているのです。」

聖パウロの十字架の教えの鍵となるこれらのテキストを引用した後で、エディットはこう明言します。

「これはユダヤ人と異邦人に告げ知らせねばならないメッセージです。キリストは神の力である…という簡単明瞭なメッセージです…十字架上の死は永遠の叡智によってえり抜かれた救いの手段です。このキリストの十字架が持つ救いの力は十字架の言葉となり、このことばを通してそれを受け入れるすべての人たちに伝えられるのです[164]」。

このようにして十字架のメッセージの中に入り、その意味内容を理解する人は、十字架を担うだけでなく、自分も十字架につけられる覚悟をします。「キリスト・イエスのものとなった人たちは、肉を欲情や欲望もろとも十字架につけてしまったのです」（ガラ5・24）。しかし、エディットが強調するように、「十字架はそれ自体が目的ではなく、高く昇って行き、高みへと押し上げるものだ」ということを忘れてはなりません[165]。

しかし、感情移入が意味し、それが持っているダイナミズムにおいて、他者の内に知覚した経験が自分の個人的経験に変えられるためには、その経験を身をもって生きることが必要になるのです。十字架上のキリストと真に一体となるには、十字架の意味を体験することが不可欠でしょう。エディットはある手紙の中で次のように述べています。「十字架をその人の奥深くで感じられる時のみ、十字架の学問を理解することができるのです[166]」。つまるところ、感情移入されたことは、必然的に自分自身の現実として受け入れていくことになるのです。

「キリストの生涯に倣って生きたいと思う者は、キリストのように十字架の死に向かって歩み、キリストのように自分の意志を放棄し、苦しむ生活によって自分を十字架につけ、受難と死において神の望まれるまま十字架に身を捧げなければなりません。能動的あるいは受動的な**磔刑（十字架の刑）**

が完全であればあるほど、十字架につけられたキリストとの**一致は、より親密なもの**となり、キリストの生涯への**参与はより豊か**になるでしょう」[167]。

四章　聖書における人間学的解釈

エディット・シュタインに触れたことのある人は、彼女の真理への探究の原動力となったのが人間学、人間への関心[168]、人間存在の意味であったことがお分かりでしょう。彼女のたどった無神論、大学での研究、現象学への入門、キリスト教哲学との邂逅は、「人間」というなぞを探求する道でしかありませんでした。納得のいく答えに出会うまでは、気が休まることもありませんでした。その答えは、皆様もご存じのようにイエス・キリストにありました。

エディットのカトリックへの改宗をもってしても彼女の根本的関心は変わることもなく、生涯に渡って人間への知的探求心と研究は切っても切れない関係にありました。彼女のあらゆる活動と著書に見られる性差の課題もこれと共通の基盤を有しています。すなわち人間が誰であるか、その召命は何か、招かれていることとへの目的は何か…ということを前提条件として知らなければ、本物の教育学も、教育も、女性論も、修道生活も、霊的・祈りの生活もあり得ないということです。

最終的にエディットはこれらの疑問を啓示に照らし明らかにしたかったのです。人間の神秘はそこからのみ解明されると確信していました。確かに、彼女の人間学研究は、哲学、人間学、教育学、神学の分野においてより広く展開されていることが確認できます。そして、それらの研究は彼女の遺した著作の主要な遺産となっています。その上で彼女自身が繰り返し言っていることですが、人間に関わるいかなるキリスト教的見解を完結するうえでも、聖書に見られる人間理解が最終の結論となります。結局のところ、聖書においてのみ私たちは完全な人間の原型に、すなわちその創造と受肉に向き合うのです。ここからのみ人間が神の充満に向かう道における本質が理解できます。

「完全な人間性の概念を理解するには、いくつかの道が用意されています。人間の霊魂における三位一体の痕跡は出発点でしかありません。この概念については私たちの眼前に堕罪以前の最初の人間とキリストの人性の二つ

の形が在ります」。(169)

前にも述べていることですが、エディット・シュタインは、啓示はそれ自体に人となられたキリストを人に明かしていく使命が内包されていて、それは人が人生において神の計画を実現できるようにするためだと考えています。このことからも人間は、神から創造された純粋な状態の原型に戻ることが急務なのです。私たちのここでの目標を、彼女の人間学的思考の総論(170)ではなく、エディットが提示する聖書の解釈を通しての「人間学」の方向づけに沿って行くことにしましょう。神学的人間学の現在の範疇では聖書のすべての要素は明らかで基本的であるとされてはいますが、私はさらにエディット・シュタインの解釈に、ある確かな現代的で独創的な意味合いが発見できるように思います。彼女自身が聖書による人間学解釈の必要性を真剣に裏付けている次のテキストは意味あるものでしょう。

「それらの信仰の真理を通して、固く閉ざされ、さまざまなもので一杯にされている人間の心が、人間としてのあるべき姿になることは緊急な課題で

あることは明らかです。自分たちは何者であるか、どのようにあるべきか
そしてどのようにそうなれるかということを知るのは、全ての人間にとっ
て最も緊急な課題です…このようにして私たちの信仰が人間について知り
得たことは教育実施の上で欠かすことのできない理論上の根本をなすもの
です。これはもし教育の目的が、私たちの信仰を人間の目的として捉えて
いるところに導いていくことであると考えるならばの場合です」[171]。

1　神にかたどり、神に似せて創造された

様々な機会に頻繁に、エディット・シュタインは神にかたどり、神に似せて創造された人間の概念を強調してきました。彼女は聖書のこの言明に基づいて深遠な神学的人間学を構想してきましたが、回心後に執筆した全著書の中で広くこの内容について触れています。彼女はその著書『神学的人間学』[172]で、更に神学的な厳密さをもって人間についての神学的見解を述べています。この作品は彼女がミュンスターの教育学研究所にて1933年の夏季講習で教鞭をとることになっ

ていた講義内容だったのですが、ナチス政府によってユダヤ人が公的職務につくことを禁じられたために、実現できませんでした。この著書の中でエディットは人間理解に関連する教会の教導職がどのようなものであったかを総合して私たちに示そうとしています。この意味において、私たちの研究の見地からすると、この作品の注目に値するところは聖書のいくつかのテキストを適切に解明することに基づいていることです。これについては適宜言及していきましょう。

エディットは、聖書が人間の命について、基本となる全てを明らかにしていないことを分かっています。それでも、人間に関わる一層の考察をする上で、決定的で最重要である原則を私たちに示していると言います。エディットが明らかにしている聖書のこの要素に焦点を当ててみましょう。彼女の最初の照会箇所は、人間の創造が反映されている創世記の文書からです。(173)

創世記1・26―28「神は言われた。『我々にかたどり、我々に似せて、人を造ろう。そして海の魚、空の鳥、家畜、地の獣、地を這うもの全てを支配させよう。』神は御自分にかたどって人を創造された。男と女に創造された。神は彼らを祝福して言われた。『産めよ、増えよ、地に満ちて地を従わせよ。海の魚、空の鳥、地の上を這う生き物をすべて支配せよ』」。

人間の個人性と一体性の原理

「聖書における人間に関しての最初の言葉」に、エディットは、人間理解における いくつかの決定的要素を見出します。まず最初に、神に由来し、創造された人間の起源です。(174) ここから彼女は自身の人間学の基本となる二つの原理、すなわち人間の個人性と一体性の原理を導き出していきます。魂は直接神に造られるということに基づいている個人性に関しては、人間に対する神のパーソナルな愛の基であり、人それぞれに刻まれた実現しなければならない固有の姿の基なのです。(175) この個人性についてエディットは聖書から他の根拠を発見します。

「聖書はそのような解釈をする上で私たちに論拠できる点を示してくれます。例えば詩編33・15にあるように『人の心をすべて造られた主』があげられます。ここでは一人ひとりの魂が神の手によって造られ特別な印をもっていることを説明しています。又ヨハネの黙示録2・17では『勝利を得る者には…を与えよう。また、白い小石をあたえよう。その小石には、これを受ける者のほかにはだれにも分からぬ新しい名が記されている』と述べています。ここはその小石を受ける者の心の最奥の本質を表し、又神の隠れた存在の神秘を啓示しているのではないでしょうか？…しかしながら地上の生命がその終わりを迎え、一時的なものが全て分離した時、それぞれ人間の魂は『はっきり知られているように』（一コリ13・12）自分を知ります。つまり、神のみ前で自分のありのままの姿を知るのです。創造にあたって神が人間の魂を、全くパーソナルなものとしてどのようなものに又何のために造られたかを知るのです…」(176)。

シュタインの人間学において個人性のテーマに密接に結びついている非常に重要な位置を占めているものに人間の共同体、言い換えれば人類の結びつきがあげられます。回心前の彼女の哲学にこの課題への関心は既に現れていましたが、啓示の光に照らされてより深い意味を持っていきました。エディットはこの原理に神学的根拠を与えている創造と創世記の背景の中に、二つの局面を発見します。すなわち全ての人間は、神からの共通の起源をもっているということ、(177) そして聖書に見られるように人類全体はアダムを人祖として創造されたということです。(178) そしてキリストにおいて神は余すところなく啓示を明示しました。

神のかたどりである人間の召命

エディットは被造物としての存在を定義づける人間の起源と共に、更に全ての人間の召命を構成する要素を発見します。すなわち人は神のかたどりであり、子孫を産み、地を支配するようにと呼ばれています。この「神にかたどり」が召命の中心となり、後の二つは、その釈義です。これらの要素の一つひとつの意味を読み取っていきましょう。

「神にかたどって創造された。」エディットにとってこの原理は、人間を正しく理解する上での根幹です。このように明言する要素の一つは人間の根本的善性であり、その唯一の理由はその起源にあります。この善性は罪によってその後堕落したものとしてあらわれますが、根本的に消滅するということはありません。神にかたどって創造されたその姿と同じく、存在し続けます。(179)

かたどられた者とは、その上、神の内に自らの存在の原型を持っていることを意味します。人間は自らの内に、三位一体の神の似姿を持っています。(180)エディットは創世記の「我々は〜する」という複数形の記述に三位一体について読み取る要素を発見しています。(181)（この箇所は伝統的に教父たちによって三位一体を暗示すると解釈され、それをエディットも受け継いで解釈しています。《訳者注》）創世記2・18の「人が独りでいるのは良くない」という言葉の意味について考察し、次のように書いています。

「何故彼（アダム）にとって独りでいるのは良くないのかという理由を神ご自身の言葉から推察しなければなりません。神は人間をご自分にかたどって創造されました。しかしながら神は唯一にして三つのペルソナ（位格）

を持っておられます。御子は御父より生まれ、御父と御子から聖霊が発出しているように、女は男から造られ、そしてこの二人から全ての子孫の繁栄が続きます。更に神は愛です。二人以上存在しない場合、愛は成り立ちません」(182)。

創世記2・24の「二人は一体となる」に関して、エディットは第一のペルソナである神のかたどりとしての人間の構造における一体性について下記のように述べています。

「これは、最初の二人の人間の生命は最も親密な愛の共同体としてみなされるべきであるということで、その両者は一つの存在として、力の完全な調和の内に共に協力し合います。それはちょうど人間が堕罪する前にそうであったように。力の完全な調和、それはつまり、霊と感覚が相反する可能性が全くない正しい関係にあった状態です」(183)。

人間はその生涯を通じて自らのうちに神の姿を映し出すように呼ばれています。堕罪の後にあらわれたこのダイナミックな特徴は、人が神の恩寵に伴われて歩まねばならないという特別な努力を強いています。[184] この真理を理解するためには、人間における神のかたどりの姿の意味をさらに明確にする必要があります。

エディット・シュタインによれば、この神の似姿であるというダイナミックな特徴がより明らかに表れているのは、イエスの次の言葉です「あなたがたの天の父が完全であられるように、あなたがたも完全な者となりなさい」（マタ5・48）。彼女は、「完全な者となりなさい」ということには神のかたどりの姿が一つの課題として、召命として、人間の使命として置かれていると注釈をつけています。[185] そしてエディットは自らに問いかけます。「神にかたどった似姿とはどういうことでしょうか？　完全な者とはどういうことでしょうか？」[186] と。短い言葉では答えられない問です。その解決はこの章の最後に見ることにしましょう。

人間における神のかたどりの姿について、エディットが解釈している独創的な局面は、人は「自らを愛さなければならない」という基本です。これは自己中心主義とはかけ離れているもので、三位一体の中に生きることを明確にしています。その上、真の人間学の鍵となる「隣人を自分のように愛する」という愛の掟を理解する上での助けとなります。同様に神秘家たちが祈りの生活の中心であることを明らかにしている指針、すなわち自己認識を正当化します。(187) これらについてエディットは以下のように述べています。

「自らを愛するように創造された人間は、神の似姿となります。しかしながら、自らを愛するには自らを認識しなければなりません… したがって、認識は愛によって生み出されますが、愛そのものについてはそれ自体では生み出されることはありません。愛によって人間に生じた神のみ言葉は、愛ある認識なのです。人が自らを愛し、認識するとき、み言葉は愛によってその人のものになります。愛はみ言葉の内にあり、み言葉は愛の内にあります。したがって、自らへの認識と愛を伴った人間は三位一体の似姿なのです」(188)。

神の業に参与するものとして神の似姿になる

神にかたどられた人間としての召命に伴って、人間は神の創造の業に協力するもので、神と〝ともに創造する人〟として、また神に委任された〝管理者〟(189)としての召命を受けます。すなわち人間は神の創造と世界を治める計画に協力するようにと呼ばれています。創造主の似姿となる召命は本来、生殖と継続に関係づけられていました。すなわち絶対的な意味で父性または母性を成長させることです。新しい秩序の中でそして堕罪の結果としてこの召命が原初の意味をどのように広げたか見ていきましょう。

被造物すべてを〝支配〟するために呼ばれているという人間のもう一つの召命の局面についてエディットは「男と女は地を支配するように定められています。すなわちこの世界のことを知り、それらを享受し、それらを想像力をもって活用する」(190)と説明しています。彼女が支配という言葉を権力という意味に解釈していないのは当然のことで、奉仕と貧しさが鍵となります。貧しさとは、何物にも縛られずすべてを所有しておられる神から見た貧しさで、(191)それは貧しさの基本であり、イエスそして招かれているもの全てに見られる精神の自由です。

エディットが創世記2・19―20について述べている内容は特別な注意に値します。「主なる神は、野のあらゆる獣、空のあらゆる鳥を土で形づくり、人のところへ持ってきて、人がそれぞれをどう呼ぶか見ておられた。人が呼ぶと、それはすべて、生き物の名となった。人はあらゆる家畜…」。エディットはこの「名を付ける」という行為に、罪を犯す前の人祖の認識の仕方を発見しました。それぞれの人間、あるいは事物固有のものが持っている本質を捉える認識が、彼女の神認識と結びついたのです。(192)

2 原罪

「神の人間への呼びかけと人間の召命は原罪の後で本質的に変化しています」(193)。原罪は人祖の完成が失われることになった原因と言えましょう。エディットはカトリックの伝統に従って原罪を人間学の中心に置いています。彼女が展開させている四つの局面である罪の行為、意識、結果、罪と救いの関係について見ていきましょう。

罪の行為

創世記3章には次のように語られています。

「主なる神が造られた野の生き物のうちで、最も賢いのは蛇であった。蛇は女に言った。『園のどの木からも食べてはいけない、などと神は言われたのか。』女は蛇に答えた。『私たちは園の木の果実を食べてもよいのです。でも、園の中央に生えている木の果実だけは、食べてはいけない、触れてもいけない、死んではいけないから、と神様はおっしゃいました。』蛇は女に言った。『決して死ぬことはない。それを食べると、目が開け、神のように善悪を知るものとなることを神はご存じなのだ。』…女は実をとって食べ…」（創3・1―6）。

罪の行為についてエディットは次のことを提起しています。

「創造の物語と人間の堕罪は神秘に満ちていますが、そのことを解決するのは私たち人間ではありません。その上で、この問題について何かを論じたり結論付けたりするときは誤ってはなりません。なぜ知識の木からは食べることを禁じられていたのか？　女が食べて男に与えた果実とは何だったのか？　悪魔はなぜ先に女に近づいたのか？　男は神をかたどって造られたこと、生きているものすべてに名前を付けたこと、地を支配するために呼ばれたことを見ても、罪を犯す前に知識を持っていたことは明らかです。その時点での男は、罪の後で手にするであろうよりも多くの知識を持っていたと言えましょう。従って、それは非常に特別な知識であったと考えるべきでしょう。蛇は善悪の知識について話します。つまり人間は原罪以前に善の認識はなかったということにはなりません。彼らは神を確かに認識していた、すなわち最高の善を、ということは、特別の善についてもすべて知っていたということになります。しかし彼らは罪を犯すことによって身につ

けてしまう悪の科学から自らを守らなければならなかったのです」。(194)

罪の意味

少なくとも聖書で見る限り原罪の本当の意味はどういうことなのか、簡単にまとめるのはたやすいことではありません。エディット・シュタインはいくつかの意味や説明を提示しています。その中で、アダムの罪はその根底に自分が神とおなじようになりたいという望みを抱いたという事を、エディットは最も明白な解釈であると捉えていたように思えます。彼女の説明を次に見てみましょう。

「…神の様になれるという蛇の誘惑のことばへの人祖の欲望は（創3・5）、**造られたもの自体の本性を覆すこと**で、それはつまり神への背信です。そのような行為の意味と結果はどのような事になるのでしょう？　被造物が、神のようになろうとすることはとんでもないことで不可能なことであり、造られたもの自体の本性である従順と服従の立場を拒む事です。そのような行為は**被造物が神と同等になりたいと望んだ**ときに生じます。

ルシファー（悪魔）は自分と神の距離を知っていますが、それを認めたくありません。ですから偽りの祖と呼ばれるのです。嘘は過ちと同じく、真実を知らないとか、あるいは見せかけの知識を言っているのではなく、**真実を打ち消そうという意図のことです**」[195]。

もう一つの罪の意味は、創世記で語っている罪の出来事そのものと、その過程で明らかにされています。なぜ蛇はエバを選んだのかということ、そしてそこから罪の内容について別の推測がなされます。

「原罪の直後の結果は、罪が何に基づいているかを解明するキーポイントを私たちに与えてくれます。結果は男と女が今までとは異なった見方で互いを見合い、相手に対して純真さを失ったことです。ですから最初の罪は、単に神に対して形の上の不服従であったというだけではないかもしれません。彼らに禁じられていたこと、そして、蛇がたくらみをもって女に近づいたこと、そして女が男に言ったことはその一貫性において明確であったことが伺えます。**つまり原初の秩序に相反した一種の相互の結びつきでした**。悪魔が女に先に近づいたのは、女に罪への傾向がより強いということではなく（実際二人は邪悪から解放されていました）、提案されたこの誘惑が、女にとって男よりもより大きなリスクを持っていたという事です。それ以後、女は出産と子供の育成に関するすべてのことにより強い感性を与えられたことを見てもわかります。このことは男にも女にも定められた労苦があることを示唆しています」(196)。

これらのテキストから原罪の意味を次のようにまとめることが出来るでしょう。男は神の存在の真理をうけ入れなくなった時から、そして神の座を占めることを望み、本質的に乗越えられない壁を越えようとした時から神に抗うようになります(197)。具体的な行為ははっきりとは記されていませんが、何か人間の存在の本質に反する事だったのでしょう。つまり神が定められた秩序に対しての不服従です。

結果

原罪の決定的な結果は、アダムによってすべての人間が罪を犯したということです。エディットはパウロのローマの信徒への手紙5・12を度々引用しています。(198)「このような訳で、一人の人によって罪が世に入り、罪によって死が入り込んだように、死は全ての人に及んだのです。すべての人が罪を犯したからです。」すべての人が罪を犯したとされる隠された神秘を、私たちの著者は次のような問いと課題に基づいて提起しています。

「しかしたった一人の人間によってどうしてすべての人が罪を犯したと理解できるのでしょうか? とはいえ、この問題は明らかに次のように簡略化はできません。人間の最初の男女の子孫である私たちは、その堕罪の結果を、生まれながらに受け継いだ悪としてこの世で原罪を持っているのです。しかし人祖の行いが人類すべてに及ぶという事実は、彼が人類の祖であったからなのであり、私たち個人の過ちによる罪でもなく、人間個人の自由と責任、あるいは神の裁きを前にして、代償なしではすまされないということ

とでもありません」。(199)

答えを出すことが決して容易くないことは理解できます。一方では神の裁きと憐み、そしてもう一方では人間の自由と責任ということに関しての疑問が残ります。人が必ずしも罪を犯したと言えないときにも原罪がすべての人に及んでいるということはどのように考えられるでしょうか？　エディットはこの神秘に対して一つの答えがあると信じています。

「答えは次の方向から探し出せるかと思います。すなわち、神は原罪のうちに人間の将来の様々な罪を、そして人祖のうちに罪の下にある私たちすべて（ロマ3・9）を予見しておられたのです。原罪の重荷を私たちに負わせたからと言って、私たちの祖先を非難するという人には、主は不義の女を非難する人たちへ言われた次の答えをもって応じられるでしょう。『あなたたちの中で罪を犯したことのない者が、まず、この女に石を投げなさい』（ヨハ8・7）…自分自身がもし最初の人間が罪に落ちた時と同じ状況にあったとしたら、正しくふるまえたと断言できうるでしょうか？　このことからも、もしアダムとエバにおける罪が私たちの内にあるとされるなら、それは私たちがそれを受けるに相応しいからということを肯定せざるを得ません」(200)。

これらのエディットの解説は、原罪に関連する他のすべての結果が、何故全人類に及ぶのかということを理解するにあたり根拠を与えてくれます。アダムとエバに言い渡された罰に関して、次の創世記３・16－19から罪の結果が読み取れます。

「神は女に向かって言われた。『お前のはらみの苦しみを大きなものにする。お前は、苦しんで子を産む。お前は男を求め彼はお前を支配する』　神はアダムに向かって言われた。『お前は女の声に従い取って食べるなと命じた木から食べた。お前のゆえに土は呪われるものとなった。お前は生涯食べ物を得ようと苦しむ。お前に対して土は茨とあざみを生えいでさせる　野の草を食べようとするお前に。お前は顔に汗を流してパンを得る　土に返るときまで。お前がそこから取られた土に。塵に過ぎないお前は塵に返る』」。

罪がもたらす直接的な結果は明らかです。出産の苦しみ、生きるという戦いへの努力、男女関係の無秩序、死、土地の支配権の消失、動植物等の被造物による災害、日々のパンを得るための闘い、労働による疲労とその実りの少なさ。(201) 最終的に、創造時のもともとの調和が四方に崩れたのです、すなわち人間の、男女間の、そして全人類間の内面、(202) そして神の創造物、神との関係に関してなどがあげられます。

「原罪は神からの人類の離反であり、その結果は宇宙万物の秩序の乱れでした。罪深い人間が神に背き、人間以外の被造物が人間に困難をもたらし、人間は被造物に戦いを挑んだのです。神の創造物の存在を認め、まもり、助けて畏怖の念を抱く代わりに、自分の欲や利益のために利用し、それが人間同士にも及んだ時、本来の〝好ましさ〟は失われました」。(203)

罪と贖い

しかし追放に先立って約束を含んだ一つのことばがあります。神は蛇に向かって罪の宣告をします「お前と女、お前の子孫と女の子孫の間にわたしは敵意をおく。彼はお前の頭を砕き、お前は彼のかかとを砕く」（創3・15）。この一節はキリスト教の歴史において長い間論じられてきました。これは伝統的に、そして敬虔さをもってマリアに結びつけられてきました。次の章に見られるように、エディットはこの解釈を否定していません。とはいえ、彼女はそれを女性が要であるという、より広義に解釈していましたので、ここに原罪後の女性の使命の次元の更なる一局面を発見したのです。

今、私たちが見ている文脈に、エディットは私たちに別の意味を気付かせてくれます。原罪以前の人間本来の本性について熟考すると、人間が達することができる完成はまだ十全に実現されていなかったと強調しています。アダムは充満を目指していましたがそれはキリストの受肉においてのみ実現されるのであって、神と人との婚姻の秘義なのです。人はこの真理をいつ自覚するのでしょうか？

おそらく完全絶対的な意味において罪を犯した後 ―上記の聖書の引用にある― 来たるべき救い主に啓示されてのみ認識できるのです。これに関してエディットはこのように書いています。

「アダムにおいてはキリストのように神性と人性が一つのペルソナに結ばれるということはありませんでしたが、彼は恩寵によってキリストに結ばれていました… そしてこの恵みは神の命にあずかるまでに彼を高めたのです。この結びつきには、神の自由な承諾があり、神へと高められる人間の自由な資質があります。それはアダムが神をそして被造物を堕罪の後の人間よりもより完全に知っていたからであり、又まだ意志が弱くなっていなかったからで… 更に私たちはアダムが、来るべき頭としての、神であり同時に人間としての、そして受肉された神の御子としてのキリストを認識していたことを認めることが出来ます。同様に、彼が人であるキリストと一つに結ばれるという恵みに招かれていたと考えることもでき、キリストのためにキリストのみ名によって生み出すべき人祖としての本来の使命に自ら進んで同意したと考えることができます。逆に善悪を知る前は堕罪とはかかわりが無かったので、救い主について知るには至らず、堕罪の後の宣告につながっている啓示によって理解したのです。（創3・15）」[204]。

3　キリストにおいて新しくされた人

エディット・シュタインは聖書への人間学的アプローチをする中で、人間と人間性を理解するためにはキリストが焦点となることに気づきました。彼女の思考には聖書の響きを感じますが、彼女が具体的に視点を定めている箇所を見つけるのは容易ではありません。ですから、彼女の人間学に関しての私たちの研究はまだ完全なものではないので、今は単にエディットが結論を聖書に直接関連づけていることだけを明らかにしておきましょう。

神の恵みと人間の自由

「しかし、あなたなしであなたを造った神は、あなたなしの救いは望まれなかっ

たのです」。(205) 聖アウグスティヌスの深い意味のあるこの言葉によってエディット
は、「受肉―贖いの神秘に隠されているメッセージの一つを強調しようとしました。
それは、神は人間を回復させるために人となられたというメッセージです。(206) 神の
この救いの業は、歴史上のキリストの出現の前も後も、人間の自由に深く関連し
ています。

エディット・シュタインにとって、神の恵みの無償性とともに、常に心に留め
ていることは人間の自由についてです。この二つの局面は神と人間の対話の根幹
をなし、協力関係を意味します。「この協働は旧約聖書の中に、約束されたメシ
アを深い信仰をもって待ち望むこと、この約束が子孫においてどのように実現さ
れるか注目すること、そして神の掟の忠実な遵守によって主の道を備え、神に熱
心に仕えることとして表されました」。(207) エディットはこれらの言葉をもって、私
たちをキリスト以前の救済の歴史を新しいかたちで理解することに近づけます。
すなわち人間の自由の意味を贖いに照らして見ることです。このことは神の国の
完成に由来する終末的緊張にも当てはまるのではないでしょうか。

エディットが旧約聖書にアプローチするにあたって選ぶもう一つの要素は、歴史上に救い主として現れるキリストの意義です。つまり、キリストが罪びとを解放するために罪ある「人の子」としてこられていることです。福音史家たちによって記された系図（マタ1・1、ルカ3・23）もこの同じ目的を持っているのでしょう。

「キリストは罪から罪人を引き離し、人間の汚れた魂に神の姿《かたどり》を回復するためにこられました。キリストは罪の子として来られ、―彼の系図と旧約聖書のすべての歴史に示されているように― 世のすべての罪を担ってそれをご自分とともに十字架にかけるために罪びとを招きます。十字架はこうしてキリストの勝利のしるしになったのです」[208]。

エディットのキリスト論の理解には、人間の生きる上で鍵となるキリストを意味する言葉があります[209]。それは、「キリストは道である」です。この言葉は主にヨハネ福音書において明言されていますが[210]、そこには、人類が神に結ばれ、その完成に達するために、人が生きていくうえでキリストがいかに重要であるかが明記されています。キリストによる神と人間との結びつきは不可避の基本であり…キリストは神と人類との仲介者であり、道であり、その道なくしては誰も御父のもとにはいくことは出来ないのです。(211)

救いと義化が意味していることに関連したこれらの言明について説明するために、エディットはパウロの書簡を手掛かりにしています（これらの多くは教会の教えとして引用されています）。そしてキリストによって実現された「新しさ」の神学的意義がこのパウロの書簡ではよく反映されています。例えば、最初のアダムに対してキリストを新しいアダムとして見るような例です。

古い人とは、アダムの罪の結果、原初の罪のない状態を失ってしまい（ロマ5・12、18、一コリ15・22）、罪の奴隷となってしまった人を指します（ロマ6・20）。キリストにおいて生まれ変わった新しい人は義とされました。その人は罪を赦され、その上、聖霊の恵みが心に注がれて（参照　一コリ12・11、ロマ5・5－6）(212)聖化され、内面が新たにされたのです（テト3・7）。(213)

エディットは結論づける前に、パウロが書簡で繰り返し私たちに伝えているこの義化と神の憐みの賜物をいかに理解するかということについて自問しています。単にキリストの恵みと恩寵であると理解するだけでは十分でなく、人は心の準備をしたうえで神のこの恵みと業を自由な同意のもとに受け入れるべきなのです。それは信仰においてキリストの言葉を受け入れるという心構えであり、特にキリスト・イエスによって実現された贖いの業を通してのみ義とされる（ロマ3・24）という真実を確信することを意味します。罪人がこの贖いの恵みを受けるなら「キリストは恩寵によって私たちの目を覚まさせ、罪の重荷から解放するだけでなく、私たちを義としてくださるのです。つまり聖化です。いうなれば私たちを神の命で満たし、神の子として天の御父へと導いてくださるのです。そうして私たちは義とされることによって**堕罪以前の人間がそうであったような神の子になるのです**」(214)。

まだ論説としては新しいものではありますが、救いのためのこの恵みのわざは、完全な人間の真の模範となっている二人にも実現しました。すなわちキリストを新しいアダムとするパウロの命名[215]に倣って、エディットはマリアを新しいエバとして呼んでいます。二人は「最初の親」としての役割を担い、あらゆる罪から解放された完璧な人であることから人類の真の「親」となるのです。

「しかし、神の裁きの視線は、人類の最初の二人と、彼らが起こした全ての事柄の傍らで、無原罪の第二の二人を捉えていました。つまり、新しいアダムと新しいエバ、キリストとマリアのことです。神はマリアのことば、み旨のままになりますように―お言葉どおりになりますように！をお聞きになりました。キリストとマリアは真の最初の父祖であり、神と結ばれた人間の真の原型です。神から最初に生まれた人類の頭はキリストであってアダムではありません…」[216]。

キリストの体についてのパウロの神学

神秘体のキリストを頭とする概念あるいはイメージ、そしてそれに伴う神秘体のイメージは、エディット・シュタインの思考にしばしば現れる聖書のパウロのテーマの一つです。私たちの著者エディットにとってこれはキリストによって贖われた神の子たちの〝あたらしい状態〟を定義する中心的テーマで、言いかえれば、キリストの体の部分になるということです。もう一方、これは第二バチカン公会議以降教会理解に於いて回復した聖書の解釈の一つです。

キリストの体の概念に神学的意味を与えているのは、頭としてのキリストに中心性を置いていることです。（参照　一コリ12・12、コロ1・24、エフェ1・22−23、同5・23）。エディットは教会との並列的な理解にとどまらず、その意味を人類全体へと広げているのです。キリストのうちに満ちあふれるものが余すところなく宿っているというパウロのことばに共鳴し（参照　コロ1・19、同2・9）、次のように述べています。

「全ての人間性の特有の本質は、キリストにおいて十全に実現されています。それはその他の人間に見られるように部分的なものではありません。神の満ち溢れる豊かさから私たちはすでにすべてを得ています。つまり、『恵みの上にさらに恵みを受けた』（ヨハ1・16）だけでなく、一人ひとりがそれぞれの方法で、原初の姿に似た者となるのと同様に一つの体のそれぞれの部分がそれぞれの生き方で具体化し全体を作っているのです。これが、福音書が描いたままの救い主キリストの神秘に満ちた永遠の姿です。キリストは完全に人間であり、このことからもいかなる人間とも同じではないのです」(217)。

キリストの体の意味についてのこの広い見解は、贖われた人類として十全な意味を持つに至っても、部分となった人間性は、ただキリスト教共同体だけを意味すると考えてはならないことを含みます。「この体の生命体に属さなかったとしたら、罪以外は人間らしいものは何もありません…とはいえ、恵みの命は各々の成員に注がれます。すでに頭（かしら）に結ばれ、成員は霊的本質そして自由な受容において神のいのちに与ることができるのです…人類全体がキリストの人性なのです…」(218)。

これらエディットの言明が帰結するところについては、今は掘り下げずに置きましょう。というのも人類家族**すべてが一体となるという神秘の解明は簡単に出来ることではないからです**。**キリスト**の体が意味する他の概念についても彼女は見過ごしてはいません。エフェソ1・22に基づいた教会に限定することや或いは天使のような他の霊的被造物などについてもです[219]。

「それでも正当化できるこの広い解釈を損なうことなく厳密な意味でキリストの神秘体としての人性について話すことが出来ますし、話さなければなりません。実際、人性は創造にあたって神のみ言葉が被造界に入ったとき通った門であり、人間の本性がそれを受けました。そして他の劣っている自然界でも天使でもなく、唯一、人々と本来の一つの体に結び付いたのです。優れたものと劣ったものが結びついている人類の頭として、キリストは神の創造物全体の頭なのです[220]」。

同じようにエディットはエフェソ3・15のテキスト「御父から天と地にあるす

べての家族がその名を与えられています」に言及しています。すべての人類がひとつの家族を構成することで、人はその本性と召命によって社会的存在であるのです。[221] 人は皆生まれながらに神の子であり、人の生涯は自らの中でこの資質を具現化するようになっています。

キリストの道―人間の道

「人類の道はキリストから始まってキリストに至る」。[222] このエディットの言明は聖書の人間学を理解する上で、キリストの重要性のダイナミズムを私たちに与えてくれます。この言明についてエディットは次の箇所に直接関連づけています。「我々にかたどり我々に似せて人を造ろう」（創1・26）と、聖ヨハネの序文「万物は言によって成った」（ヨハ1・3）、そしてパウロの書簡コロサイ1・15―17「御子は見えない神の姿であり、すべてのものが造られる前に生まれた方です…つまり万物は御子によって御子のために造られました…」。これらを併せて読んだ結論は明らかです。キリストは始まりであり、目標であり、道であり、聖性に到達するための模範です。[223] そして人はキリストの体に結ばれる生き方をすることを通

してキリストにつながるのです。(224)

ここからエディット・シュタインはキリストの福音に沿った生き方と、歴史に出現された本質的な意図を表す秘儀をもって自分が変わることの大切さを力強く断言しています。そのようにして、全人類がキリストの満ち溢れる豊かさにたどれるようにキリストの歩み、模範、計画の道を私たちに伝えています。

「典礼式の祈りや所作は私たちに継続的に…救いの歴史を示され、私たちがその都度神秘に与る助けとなります。ミサは私たちに信仰の中心である秘跡、救いの歴史の基点、受肉と贖いの神秘を刻印していきます…キリスト教の秘儀は不可分の一体です。一つの秘儀に入れば他の秘儀に導かれるのを感じます。このようにベツレヘムの道は否応なくゴルゴタへと導き、馬小屋は十字架へと…　マリアが幼子を神殿に連れて行ったとき、あなた自身も剣で心を刺し貫かれますと(ルカ2・35)、そして、この幼子は、イスラエルの多くの人を倒したり立ちあがらせたりするためにと定められ、また、反対を受ける印として定められていると予言されたのです（参照 ルカ2・34）。それは苦しみの、そして光と闇の戦いの予告です。このことはすでにベツレヘムの馬小屋に顕示されていたのです。闇に消えてしまいますが、復活の朝には太陽のように輝きます。光は聖金曜日の（…）馬小屋に輝く光から十字架の影が投影されています。光は聖金曜日の字架を通って復活へと向かうその道は人となられた神の御子の道です。人の子として苦しみと死を通して復活の栄光へと。それは私たちすべての歩みであり、全人類の道なのです」(225)。

4　完全な人間とは福音に従う人間

聖書への人間学的アプローチというテーマは、私たちが完全な人間になるようにとの福音書の促しに従って生き、行動する上での鍵となるものへと近づかない限り、不完全なものとなるでしょう。もしキリストが私たちの原点であり目標であり、模範であり道であるならば、どのように人間が神の満ちあふれる生命に到達するかに関しては何も迷う余地はありません。ただ、み言葉を人生の指針としてキリストに従うことです。エディットはこのことを深く確信し、教育或いは霊的な課題を扱った講演会の中で常に強調しています。キリスト以外の道はないのです、と。

必要なのはただひとつ、愛だけ

一九三三年に行ったベルリンでの最後となった講演会の一つに、「カトリックの信仰から見た青少年の育成」(226)と題したものがありますが、その中でエディットはイエスのみ言葉からの人間像を描こうと試みました。その出発点として、福音書の中で人々がイエスに直接質問している個所にふれています。

—マタイ19・16「永遠の命を得るには、どんな善いことをすればよいのでしょうか?」

—マタイ22・37「律法の中で、どの掟が最も重要でしょうか?」

次のイエスの答は福音書の他の文書にも見られ、その内容は似通っています。

―マタイ19・17「掟を守りなさい」

―マタイ22・37―40「あなたの神である主を愛しなさい…　隣人を自分のように愛しなさい。律法全体と預言者は、この二つの掟に基づいている」

これらのマタイのテキストに基づいてエディットは以下のように結論づけます。

「これらを全て考慮に入れると、真のキリスト者とは掟を守る者と理解されますが、これらの掟にもまして、何より大切な守るべきことは、主への完全な愛です。

神の愛から直ちに畏怖と崇敬が生まれ、神の子であるすべての隣人への愛、兄弟愛が、そしてその結果としての行動が生まれます。神への愛ゆえに自身への愛が生まれ、（実に、私たちは隣人を自分のように愛さなければなりません）、そしてここから自分にふさわしい行動が生まれるのです。このようにして生きる人は単に自然の完成に満足するだけでなく、超自然的な原理に促されて生きるのです。事実、まず神が私たちを愛するからこそ、私たちの内でこの愛にこたえ神を愛することができるのです… 神への愛は、心を乱しているマルタに主が提言したように必要なことはただ一つなのです。（参照 ルカ10・41－42）」[227]。

愛の掟のその三方向（神、隣人、自分自身）について、エディットは完全な人間の基本を発見します[228]。そしてそれは養成や教育分野では不可欠な目標となります。それだけではなく、彼女はイエスの生涯において愛の掟を解釈する鍵を見つけます。すなわち「掟や律法の規定を解釈する上で、イエスの教義は全て、愛の掟として理解できます」[229]。この愛は人間本来の力では手の届かない単なる理想ではなく、愛はキリストの姿をかたどることから、そして神と交わることからのみ可能となるのです。そして人間は、この愛に積極的に関わりながら応えていくのです。そこに聖性が存在します。キリストが示されるように完全とは〝自由な魂の状態〟を言います。

「義なる人はその手の中に自らの魂の主導権を握り、自分の主《あるじ》なのです。いかなるものにも彼を支配する力は存在しえません。しかしながら彼が自らの主《あるじ》であるのはもう一人の或いは神である主《しゅ》に自らを委ねる時のみ自らの主《あるじ》になれるのです。…神は愛し信頼するひとり子を世にお遣わしになりましたが、そのひとり子は自らをそして自らの命の計画を父なる神に全く委ねたのです」(230)。

真福八端のダイナミズム

福音書において、愛の完成の実現のためにキリストが具体化していく道は、真福八端において、そして福音の教えにおいて真の顔をもっています。エディットはこの個所の福音の教えについては、ここでは余りこだわって記していませんが、他の著作において次のように述べています。「これらの教えは、その模範をマリアが示すことによって神の子たちに求め、そしてイエスが人々に助言していることです。言い換えれば貧しさ、従順、貞潔の道です。この道は彼らが選んだ道なのです。というのもこれは三位一体そのものが示している完全な真の道で、この道を歩んでいかなければなりません」。(231)

真福八端に関しては、エディットはすべての徳の基となっている愛を立証しながらこの至福の一つ一つの意味を深く考察しています。彼女の言葉は十分に明らかですので何の説明もいらないと思います。もう一方、これはスペイン語ではまだ発表されていないテキストですが、マタイ5・1―12についての彼女の洞察を文字通りに追ってみましょう。(232)

・「心の貧しい人々は、幸いである。」この教えは度々間違って解釈され、そして不適切な使われ方をしてきました… イエスはこの言葉を謙虚な人そして神を畏怖する人に当てはめて言及しています。この教えが真福八端の冒頭に読み上げられたのは、神への畏怖は知識の根幹となるものだからです。神を畏怖する者はこの世のものは全てむなしく、憶測でしかないこと、自身を含め、神の前ではすべてが何ものでもないことを知っています。神を恐れない者は、高慢で尊大であり、自分は財産を持ちこの世の富を持っているゆえに偉大だと錯覚し、ひたすらそれらを追い求めているのです。そしてまさに地上の富を持っているものにとっては、心において貧しくあるのは困難なことで、主も金持ちの青年に「もし完全になりたいのなら、行って持ち物を売り払い、貧しい人々に施しなさい（マタ19・21）」と助言しています。

・「柔和な人々は、幸いである。その人たちは地を受け継ぐ。」地とは、（生ける者のいる）この地上と理解し、確かな相続を永遠に受け継ぐということです。約束は柔和な人々に対してなされますが、ここでいう柔和な人々とは、悪に抵抗しない人々ではなく、悪を善で打ち勝つ人々のことを指しています。（ここでは実際、主は明らかに旧約聖書に反した「より大切な掟」を述べています。）すなわち「わたしは言っておく、敵を愛しなさい」と。最初の垂訓とこの二つのキリスト教の徳について主はまさに模範でありました。「わたしは柔和で謙遜な者だから、わたしに学びなさい」（マタ11・29）。

・「悲しむ人々は、幸いである、その人たちは慰められる。」神に従う人々は、この世の愛するものを放棄しなければなりませんが、それは痛みを伴わずにはできないことです。ですがそのような行為には聖霊が天上の喜びで包んでくれるでしょう。

・「義に飢え渇く人々は、幸いである。その人たちは満たされる。」これらの人々は真の善、不変の善を熱望しています。義とは完全以外の何ものでもなく、神のみ心を行うことです。このような行動にはそれ自体が報われ、私たちの心は満たされます。実際、主は「私の食べ物とは、わたしをお遣わしになった方の御心を行うことである」(ヨハ４・34)と言われました。まさにこの水を飲む者は渇くことはないでしょう。「永遠の命にいたる水がわき出る」(ヨハ４・14)。

・「憐み深い人々は、幸いである。その人たちは憐れみを受ける。心の清い人々は、幸いである、天の国はその人たちのものである。」心の清い人とは、この世の物事に執着しない人たちであり、又、もはや自分のことに一杯ではなく、自我に囚われない人たちを言います。心の貧しい人とは、現世的なものはもはやすべてむなしいと認識し、その自覚から神にまなざしを向けている人を言います。その人たちはシンプルな人たちで、何故シンプルかと言えばただ一つの望みで満たされているからです。主は、心を尽くして神を求める人には神を見ることができるようにしてくださいます。

・心の貧しい人たちの心を占めているのはたったひとつのことであり、それは主に反するものではなく平和のために主と調和の内に働くことです。その人たちにおいては情熱は抑制され、理性に従い、原初の調和、平和が回復し同じように良き志を持っている人たちと平和の内に行動します。これは完全な知恵の生活で、もう何物にも乱されることはありません。

・このような教えに従って生きる人間は、この世の権力者やその追従者にとっては躓きとなる石です。彼らは正義のために迫害されますが、天の王国は彼らのものとなるでしょう。

エディットの真福八端の意味についてのこの長い考察は、私たちに天の国、聖性という事についての本質的な意義に正面から向き合わせてくれます。全ての人間はこの崇高な召命を人生で実現するようにと呼ばれています、それはいかなる差別もなく全ての人に同等に与えられています。「そこではもはや、ユダヤ人もギリシャ人もなく、奴隷も自由な身分の者もなく、男も女もありません。あなたがたは皆、キリスト・イエスにおいて一つだから」（ガラ3・28）[233]。確かに人は各々固有のそして個々人に与えられた賜《カリスマ》に従って（参照 一コリ12）[234]、加えてその愛を異なった方法で表現するために個々人に与えられた召命によって（参照べタニアで香油を注がれる、マタ26・6－13）この唯一の召命の目的を実現するのです[235]。このようなことから明らかな聖書の基本、男女間の多様性が考えられるでしょう。「神は男と女に創造された」（創1・27）[236]。これに関しては次の章で立証しましょう。

五章　聖書における女性 ―ポジティブな解釈

エディット・シュタインの生涯を最もよく特徴づけているのは、「女性」をテーマにした課題に大きな関心を抱いていたという点です。(237) 既に彼女は思春期に女性に対する不平等性や差別を前にして開眼した体験を経ています。本書第一章でその兆しを指摘し、前章で明確にしたように、まさにこの一つの課題が彼女にとって探求の原動力となり、人間の存在意義と人間の存在へと結び付いていくのです。ここから彼女は実存的な答えを見つけるだけでなく、女性であるがゆえに被っている不平等への解決策を見つけることを目的としていました。彼女の「自叙伝」にはこの問題への関心が反映されています。

「このような社会的責任感から私は女性の参政権に強く賛成していました。

このことは当時、女性の市民運動の中でさえ、認められるか否か明らかではありませんでした。私が友人と共に加入したプロイセンの女性参政権運動協会は、女性権利の完全な政治的平等を求めていた社会主義者の人々で多数が占められていました」(238)。

しかしながら、真理の探究をしていた過程でその答えをキリストにみつけるまでは、女性運動や女性の権利要求は、まず人間学的に基礎づけて考察する必要性があることに彼女自身は気付いていませんでした。正確に述べるならば、この気づきに出会うのは回心後、特に一九二八年以降、彼女が女性論を軸にした人間学を具体的に展開していた時期に当たります。

それゆえに彼女の分析は、単に現実の状況を検証した結果でも、女性の平等の立場を達成するための闘争の結果でもなかったでしょう。彼女は決定的な解決策を見つけるために、女性論をもっと突き詰めて深い観点から考察していきます。ですから通常はある特定な事例には拘らず、論文を書く際に明確化するための例文としてのみ引用しています。彼女は本質的なものだけを求めます。ここに彼女の現象学的方法論の特徴が垣間見える記述があります。

「人間の本性とその生命の成長は偶然に起こっていくものではなく、信仰の観点から考えると、それは神の業なのです。本来呼びかけるのは神です。一人ひとりの人間に各々の特性にふさわしい働きへと呼び掛け、その上、男性と女性各々をその本性と特質に基づいた働きを呼びかけます。このテーマについては長年論じられてきましたが、男性と女性への呼びかけの特性を判別することは易しいことではありません。というのも神から私たちに届く呼びかけには多くの道があるからです。例えば神ご自身が旧約聖書と新約聖書を通じて私たちに話しかけています」(239)。

女性にとってそして全ての人々が利するための社会的偏見と機能の変革は、女性とは何であるかというその真の存在に基づいてのみ初めて可能になることをエディットは認識しています。ここから彼女の人間学は、両性の差異に基づいた認識の上に構成されていますので、男性と女性の性の本質を知り、考慮する必要があります。決定的な答えは人間科学（教育学、心理学、哲学、生物学…）だけでは得ることができません。ですから最終的な拠り所は神の創造の意図、普遍的な救済の計画に求めなければなりません。エディットの女性の観点は聖書―神学的なものであり、ここからのみ正しく理解できます。

前章では、聖書から紐解いていくエディット・シュタインの人間の概念に近づく機会を得ました。私たちは人間を理解するうえで本質的な要素の一つとして、人間は神の「似姿」であるという創世記の決定的な文書に出会いました。ここにエディットは個人性の意味と価値に基盤を置いています。このことから神のみ旨を実現することは、本質的に神の似姿であることを理解し、人間共同体のために神が各個人に与えた各々の賜物に進んで応えることになります。

この点に関して、エディット・シュタインの神学的人間学の考察は、その人生において全精力を注いできた「女性特有の個性」を回復する緊急性に動機づけられてきたという事を付け加えなければなりません。彼女は女性本来の特性を確立する必要性と要請の重要性を感じています。このことは、女性は自らの多様性に気づき、そしてその価値を他者との違いだけでなく、自らを理解し人生を総体的に十全に成長させるこの真の道を発展させるためです。この特別な召命は女性の特質を決定づけるものです。エディットはこの根源を聖書に見出します。私たちの著者エディット・シュタインが、聖書で女性について語っている最も大切な個所を幾度も入念に分析する理由は、女性の召命が何であるかという事を特定するにあたって細心の注意を払っているからです。

1　男と女に創造された

エディット・シュタインがこの課題の本質へ固執するのは、事象の抽象的分析ということではありません。彼女の出発点は、何故女性が歴史を通して現在もなお男性の支配下に置かれているのか、という状況に対する以外の何ものでもありません。この現象、すなわち今ある状況は原罪による結果であるということを解釈できるのは間違いなく聖書並びに神学上においてです。

だからこそ原初以来、すなわち人類の本来の状態を反映している男と女が創造された時点からの女性の人間学研究を始めているのです。単に女性であることについての論旨に終始するだけではなく、原初の男と女それぞれの本性について考察することに心を配っています。ここを出発点としてのみ人間性一人ひとりの立ち位置、差異、両性が相互に補完し合うという事が理解できるでしょう。社会が男性と女性によって成り立っていることについての客観的な分析をすることなしに単に権利の要求に明け暮れていた当時の女性運動を前にして、このエディットの考え方は大きな功績をもたらし革新となりました。女性は人間学的、神学的存在の複合的な分析から始めた場合にのみ、人類における真の位置に達することができます。

男性と女性の本性にはどこで出会えるでしょうか？　それは、その起源において、すなわち堕罪によって原初の秩序が失墜する前です。人間学的論考を始めるための神学的個所が創世記にみられます。「神はご自分にかたどって人を創造された。神にかたどって創造された。男と女に創造された」（創世記1・27）。

創世記のこの個所は、エディット・シュタインにとって明らかに他とは異なる意味を持っており、性差の本質について話す事を正当化します。すなわち人間に対する神の計画の一部としてそれは、「人間創造の最初の記述において、既に男と女の違いについて語られている」のです。(240) この性差は、ポジティブな意味を持ち、歴史において神にかたどり造られたものとして自らを実現していくときに神秘の重要性が発見されます。

「人間は生物学的な単一の種として造られたのではなく、男と女に創造されたのですから、社会的にも多様な意味においてもその存在が実現されなければなりません。男も女も神にかたどって創造されました。各々の被造物は、その能力に限界があり断片的にしか映し出すことができないように、多くの被造物には神の無限の一体性、唯一性がさまざまな光を放つ全体のうちの部分的にしか反映されません。ですから男性、女性の両性も又、神の似姿を異なった方法で反映しています」[241]。

ここでは男と女の性差の神秘について触れています。ただ単に偶然、あるいは自然にそうなるのではなく、それぞれの中に、永遠に実現されるようにと呼ばれている特別な召命を持った特性が含まれているのです。この差異は救いの業において更に意味ある重要さを持ち、私たちはそこに新たに人間の男女の二つの性の顔を発見します。それはキリストとマリアです[242]。

2 助け手であり同伴者

聖書、その中でも創世記の言葉を文字通りの意味で捉えると、私たちに伝えようとするメッセージを理解する難しさにすぐ気づきます。そして女性について語っているところは、時代遅れで男性優位のいいまわしが用いられているように さえ思われる個所があります。エディットは惑わされることなく、テキストの言葉遣いをはるかに越えたところに視点を定めようとしています。その上で、女性性の特質を定義する要素を解明しようとしています。エディット・シュタインは聖書による女性の使命を定義するには、鍵となる二つの言葉があるとしています。一つは「助け手」または「同伴者」、そしてもう一つは「母」として。今ここでは「助け手」としての意味に絞って述べていきましょう。

創世記2・18―25に女性の創造に関して二番目の物語が語られています。

「主なる神は言われた。『人が独りでいるのは良くない。彼に合う助ける者を造ろう。』主なる神は、野のあらゆる獣、空のあらゆる鳥を土で形づくり、人のところへ持って来て、人がそれをどう呼ぶか見ておられた。人が呼ぶと、それはすべて、生き物の名となった。人はあらゆる家畜、空の鳥、野のあらゆる獣に名を付けたが、自分に合う助ける者は見つけることができなかった。主なる神はそこで、人を深い眠りに落とされた。人が眠り込むと、あばら骨の一部を抜き取り、その跡を肉でふさがれた。そして、人から抜き取ったあばら骨で女を造り上げられた。主なる神が彼女を人のところへ連れて来られると、人は言った。『ついにこれこそわたしの骨の骨わたしの肉の肉。これをこそ、女と呼ぼう まさに、男から取られたものだから。』こういうわけで、男は父母を離れて女と結ばれ、二人は一体となる。人と妻は二人とも裸であったが、恥ずかしがりはしなかった。」

以下のエディットの解説には非常に興味深いものがあります。

「男と女の関係については、人間創造の二番目の物語に更に詳しく語られています。アダムの創造を語り、そしてその中で、神は彼を〝楽園〟に住まわせ、そこを耕し、守るようにされました。神は彼の前に動物を連れてきて、それらに名前を付けさせました（創世記2・19）。しかしながら、『自分に合う助ける者は見つけることができなかった』（創世記2・20）。ここに出てくるヘブライ語 Eser Kenegdo はドイツ語に訳すのは難しい言葉ですが、文字通りですと〝彼に合う助ける者〟（創世記2・20）となります。〝彼に合う助ける者〟とは、本来の自分を映し出している鏡の中の像と考えることができるでしょう。ですからこの訳は〝彼に似通った助ける者〟としていますが、これは、相互に補完し合い、異った両面があって一つとなるペンダントのように互いに相応じ合う者と考えることが出来ます。しかし完全に同じという意味ではなく、互いに手と手を取り合って完成し合うという意味にとれるでしょう。そして『主なる神は言われた。人が独りでいるのは良くない。彼に合う助ける者を造ろう』（創世記2・18）。主なる神はそこで、アダムを深い眠りに落とされ、あばら骨の一部を抜き取り、女を造り上げられ、アダムのところへ連れて来られた。人は言った。『ついに、これこそわたしの骨の骨　わたしの肉の肉。これをこそ、女と呼ぼう　まさに男から取られたものだから』（創世記2・23）。こういうわけで、男は父母を離れて女と結ばれ、二人は一体となる（創世記2・24）。人と妻は二人とも裸であったが、恥ずかしがりはしなかった（創世記2・25）……そして、何故彼にとって独りでいるのは良くないのかという理由は、神ご自身の言葉から推察しなければなりません。神は人間をご自分にかたどって創造されました。しかしながら神は唯一にして三つのペルソナ(位格)を持っておられます。御子は御父より生まれ、御父と御子から聖霊が発出しているように、女は男から造られ、そしてこの二人から全ての子孫の繁栄が続きます。更に神は愛です。二人以上存在しない限り、愛は成立しません…

ここでは男の女に対する優位性を語っているのではありません。女性はパートナーであり、助ける者として創造され、そして男は女と結ばれ、二人は一体となると記されています。そしてこれは人類の最初の二人の生活は愛に基づいた最も親密な共同体であり、二人は一体になることによって完全な調和の内に協力し合っていたということです。最初の罪に陥る前は、各自が諸能力の完全な調和、すなわち精神と感覚が相反することなく適正な関係を保っていたようにです。ですから、最初は、お互いの抑制のない本能を全く知りませんでした。この考えは創世記2・25の『人と妻は二人とも裸であったが、恥ずかしがりはしなかった』に見られます」[243]。

右記のエディットの長いテキスト（聖書のこの見解のポジティブな理解と適用）は、女性にとって良い結果をもたらすでしょう。「助ける者」についていえば、従属するという事ではなく、ましてや男性の意のままに隷属するという意味では決してありません。〝助ける、助ける者〟とは何よりもまず「対応する、相対する」という意味で、男は女が自らに似た人として受け止め、二人の結びつきは神の完全な似姿を再現します。女は男のパートナーであり、これは男の〈命―使命〉の一部となって直接影響を及ぼし関わりを持ちます。実際には男のあらゆる使命の完成に女性が参与するという事です。(244)〝相応しい助け〟とはお互いを補い合う事の他に、「自分の半身」としてそこに自分自身を見つめ、自らに出会うことができます。そして実際に地を支配し、継続して子孫を産み増やすという自らの使命を共に実現できます。(245)このすべての内容から、女性の資質が広く推論されます。「この最初の女性としての識別は、女性のあり方に対し適応されます。具体的に言えば、男性の傍らに添うこと、愛を持って生涯を共に担うこと、誠意をもって喜んで奉仕することが女性性の特性です。そのことは、女性は他者に対して、そしてその人の必要性に応じて共感する能力を持ち、又受け入れる包容力と素直さを備えていることを意味します」(246)。

聖書において非常に明確に強調されている似た者、補い合う者、相助ける者であることは、神の秘義において更に深い答えに出会います。「女性は男性の傍らに置かれましたが、これは一方が、神がもう一方に与えた使命を実現するための助け手となるためです。」言い換えれば、二人が何よりもまず「神の似姿」として、神に託された計画を実現するようにという事です。改めてエディットが自分の言葉で語ります。

「霊魂とからだの完全な一致についての私たちの理解するところによれば、全ての身体的プロセス(それらが確かに身体的プロセスであり、純粋かつ単純に物質的ではない場合)は、同時に精神的プロセスであり、女性と男性の関係は、実際には単に或いは専ら身体的関係として捉えるべきではありません。独りでいるのは良くないとアダムに助ける者(創世記2・18)が与えられます。これらの二つの表現に関して、まず精神的な関係以外を考えられません。『神は御自分にかたどって人を創造された（…）男と女に創造された』（創世記1・27）そして二人に子孫繁栄の恩恵を与えました。彼らを、霊的―パーソナルな本質に関しても神の似姿として創造されました。そして、まさにこの理由からアダムが一人でいることは〝良くないこと〟ではありませんか？

というのも、霊的―人間としての最高の意義は相互の愛であり、複数の人々が愛において一つとなることにあるからです。そこで、神はアダムに『彼に合う助ける者』を連れて来られました。手と手を合わせるように、一方の手をもう一方に合わせるように、男に相対するパートナーであり、それはほぼ全体的に男に似通ってはいましたが、しかし完全に同じ存在ではなく、固有の働きを持ち、補完する能力があり、そして身体的本質から観ても精神的本質の視点からも異なっていました」。(247)

エディットが究極の帰結を、啓示の教えにどのように結びつけるかを確認することは興味深いことです。神にかたどり、神に似せた男と女の創造は、単に身体的結びつきの可能性のみでなく、もっとそれ以上の崇高な結びつきを意味します。そのモデルはまさに三位一体の交わりの生活です。そこから相補うことは主に人間のパーソナルで精神的次元を包含し、この面で身体的或いは精神的な結びつきのはるかに高い結びつきに到達できます。そしてここに女性を特徴づける、助ける者として、補完的な存在として、男性にとって必要な同伴者として、包容力があり、自らを与えることが出来る優れた資質に出会います。「しかし恵みの力はどのくらい助けたかという程度によるものではなく、心で受けることができるもの、すなわち体験することが出来る実存的な高揚感にもよります。そして恵みの最も重要な力が女性の本質に相当しているなら、愛の結びつきにおいて彼女はより多くを与えるだけでなく、より多くを受けるという事です」[248]。まさにこの理由から、エディットは聖霊の位格の内に女が似姿である原型を見出すのです[249]。

3　母性

女性本来の召命を特徴づけているもう一つの要素は〝母性〟です。「神は彼らを祝福して言われた。『産めよ、増えよ、地に満ちて地を従わせよ…』（創1・28）。このテキストで神は、男と女の両者に向かって話されているのは確かですが、女性にとってそれが主要な召命要素であることが容易に推測できます。元来、母性は生殖力として、出産能力を持ったものとして、又創造における積極的な協力者として理解されてきました。エディット・シュタインは、この召命を「神にかたどり、神に似せて創造された」(250)という人間の根幹に照らして捉えます。生殖それ自体は、母性や父性の〈使命―召命〉に含まれている本質的な意味を持っています。生殖とは愛である神の姿に参与し、使命を実現することとされます。

「神はご自分にかたどって人を創造された。〔…〕男と女に創造された（創1・27）そして彼らに生殖の恩恵を授けました…　生物の生殖力、つまり神にかたどられた人々が自分と同じような子孫を設ける力は、神の似姿の一部として、つまり神が自己を拡げようとする善であるように（bonum effusivum sui）人間もそのような者として創造された姿として考えられなければなりません。人間以外の被造物と比較して、もし人間の特権が精神面においてて神に倣う事であるならば、人間の産みだす力が精神的起源を持っていることは不可欠です。すなわち、身体的一致は精神的一致の表れであり結果であること、そして創造主の聖なるみ旨に結ばれた共通の生殖の意志の実現として示されるという事実は、創造の原初の秩序における意味の一部を成していると考えられます」(251)。

この神の視点から、母性とは大変気高く崇高な意味を持っており、昨今、この問題についてなされ、或いはなされようとしている解釈には通常当てはまるものではありません。

エディット・シュタインは人間の本来の召命の神秘を明らかにする創世記の言葉は、単なる偶然の言葉でもなく、或いは女性を男性の意志に従わせる〝対象〟としてみなそうとする慣習の結果でもないと確信しています。女性の特質である〝母性―生殖〟を考察すると、女性の非常に高い尊厳と真価をエディットのダイナミズムの中に、発見することができます。

歴史的尺度に条件づけられた解釈だけでは（男性優位の観点からも極端なフェミニズムからも）、啓示されたみ言葉の内には、創造の深い神秘を発見することはできません。

母性は聖書的に、従って神学的に女性を最もよく表している特徴です。確かに、ここで私たちはその母性の真の意味を理解しなければなりませんが、それは厳密に生物学的なものの分野を狭めるものでも限定するものでもありません。当然のことですが、母性は生物学的側面を持ち、「女性の体は他者と結ばれ、二人は一体となり、自らの内に新しい人間の命を育むことが出来るように造られている」(252)ことを意味します。しかしながら、それは又、精神的な側面である「産まれてくる子との非常に密接な結びつき」、そして同時に「新しい生命を守り養い育てる」(253)ことを含みます。エディットはこの精神的結びつきを、マリアが従妹のエリザベトを訪問した時に、エリザベトの胎内で洗礼者ヨハネが喜びに満ちて躍ったという福音書の話を思い起こし確信します。(254)「マリアの挨拶をエリザベトが聞いたとき、その胎内の子がおどった…　あなたの挨拶のお声をわたしが耳にしたとき、胎内の子は喜んでおどりました」（ルカ1・41、44）。

母性の意味するもう一つの側面は、その実現に普遍化を伴うという事です。すなわち、女性はどのような職業に就いても、既婚或いは独身であっても、その一生に〝母〟となり得るし、そうあるべきだということです。

「もし男が一人で置かれている状況にあり、特に身体的、精神的に何かを必要としているとみるならば、女は十全な愛をもち、理解し、助言と助けを与えます。このように『人が独りでいることのないように』同伴者となり、助け手となります。女は男が身体的、精神的、霊的な展開をしていく中で、その目標へ向かう道の歩みを理解するのを助けるとき、彼女は〝母〟です」(255)。

とは言え、エディットは単に理想を示そうとしているのではありません。現実やその難しさをよく知り、把握しています。現実は真のものともキリストの満ち溢れる豊かさとも一致するものではなく、それは必要な方法で、特に、原初の秩序の回復を可能にさせる恩寵によって回復しなければなりません。現実は「堕罪の結果と、そのために原初の秩序を失った結果であることは明らかです」[256]。

エディットは、堕罪の後に女に下った罰に関連して、母性についてのもう一つのより広い解釈を見いだします。

「蛇への判決を下すときに神は次のように言われました。『お前と女、お前の子孫と女の子孫の間にわたしは敵意を置く。彼はお前の頭を砕きお前は彼のかかとを砕く』（創3・15）。この箇所は通常、神の母、また贖い主のことを指すととらえられています。しかしこれは、アダムが『すべて命あるものの母』と名付けた最初の女性に、そしてそのすべての子孫に特別な務めとして悪と戦うことと共に命を取り戻すために準備することを委託したという、もう一つの意味を排斥するものではありません。エバは最初の子供を出産した時、『わたしは主《しゅ》によって男子を得た』と言いました。これはその息子によって与えられたに違いない祝福の告知のようでした。その後、イスラエルの女性たちはそのことの内に自らの召命を見たのです。言い換えれば救いの日を見るであろう世代に命をつなげるという事です。このようにして、罪と贖いの間に特別なつながりが確立され、この二つの特殊性は驚くほどに対応しています…」(257)。

この解釈は女性を特徴づける母性の概念の広さを理解する助けとなります。それは女性を母としての身体的な面だけではなく、特に精神的な面で、神のために「子孫を生み増やす」という重要な使命を持っているとしているもので、精神性と身体性が密接に結びついているという見解です。女性性の形成におけるこの決定的な特質は、なぜ女性が宗教の重要性(258)に対して、また、他者との直接的な関り、すなわちパートナーとなり、母親となる関りを持つことに対して特に受容的であるか、その理由を説明しています(259)。

創世記のテキストに基づくこれら全ての言説は、贖いの神秘の内に、キリストとマリアに照らされた一つの示唆と崇高な光に出会い、そこに人類は原初の完全性を回復する可能性を見出します。

「新しい神の王国の始まりに、人間の創造の時のように人間の男女に出会いましたが、ここでの言及は母と子です。神の御子は母親によって人間の子になりましたが、この地上の父親によってではありません。子はこの世に生まれるにあたり通常の道を選ぼうとはしませんでした…　それは**最も純粋で崇高な絆である母性**の宣言ではありませんか？　一人の女性が神の王国を設立するために協力しました。まさに、これは女性の性を差別していないことになりませんか？」(260)。

エディットが聖書に照らして得た処女《おとめ》マリア像を私たちが考察するとき、ここに示した要素を新たに振り返る機会を得るでしょう。

4　男・女の関係

女性の召命の識別に密接に結びついているテーマに、男性との関係があげられます。既にこのテーマは助け手として、母としての聖書からみた女性論を展開している中でおのずと浮かび上がっていました。エディット・シュタイン自身がこの課題の適切な解釈に努めていますので、直接分析していきましょう。女性の存在を回復するためには、男性に対しての女性の立場を明らかにする必要がありますす。エディット・シュタインにとって人類最初の親は、一致した愛の調和の内にあったという事は疑いの余地もありません。各々が各自の性に従ってその結びつきの中での役割を果たしていました。しかし、その調和と補完性は、最初の堕罪の後に支配へと変わっていきました。この補完性を正確に理解するためにはキリストの到来を待たなければなりません。「新しい王国は、罪と原初の秩序に背いたことによって条件付となった関係を取り除き、間違いなく男女間の関係の再構築をもたらすと主は告げました」(261)。エディットはこの言明の典拠をマタイ19・1–12、マルコ10・1–12のテキストとしています。ファリサイ派の人々が、夫が妻を離縁することは許されるのかとイエスに尋ねたことに対し、『あなたたちの心が頑固なので、モーセは妻を離縁することを許したのであって、初めからそうだったわけではない』と答えました。それからイエスは創造について『二人は一体である』と語り、『神が結び合わせてくださったものを、人は離してはならない』と新しい契約の掟を定めました。(262)

男・女の関係の主なる意味を結婚の側面から解釈するにあたり、エディットはこのテーマについて幅広い展開を見せる聖パウロの書簡を開きます。そして私たちは、このパウロのテキスト分析の中で、エディットの、批判的解釈を発見します。その中で、彼女はどの程度までが慣習の結果であって、イエスの教えではないという事を十分把握しています。聖書に関する彼女の幅広い知識は、ここではパウロの書簡のケースですが、パウロの教義自体にその解決を見出すことを可能にしています。その例を見てみましょう。

聖パウロが男・女の関係について語る主な、そして最も論争の種となるテキストの一つは、以下のコリントの信徒への手紙一　11・3―12です。

「ここであなたがたに知っておいてほしいのは、すべての男の頭《かしら》はキリスト、女の頭《かしら》は男、そしてキリストの頭《かしら》は神であるということです。男はだれでも祈ったり、預言したりする際に、頭に物をかぶるなら、自分の頭を侮辱することになります。女はだれでも祈ったり、預言したりする際に、頭に物をかぶらないなら、その頭を侮辱することになります。それは、髪の毛をそり落としたのと同じだからです。女が頭に物をかぶらないなら、髪の毛を切ってしまいなさい。女にとって髪の毛を切ったり、そり落としたりするのが恥ずかしいことなら、頭に物をかぶるべきです。男は神の姿と栄光を映す者ですから、頭に物をかぶるべきではありません。しかし、女は男の栄光を映す者です。というのは、男が女から出て来たのではなく、女が男から出て来たのだし、男が女のために造られたのではなく、女が男のために造られたのだからです。だから女は天使たちのために、頭に力の印をかぶるべきです。いずれにせよ、主においては、男なしに女はなく、女なしに男はありません。それは女が男から出たように、男も女から生まれ、また、すべてのものが神から出ているからです。」

使徒が私たちに提示したこのような進言をどのように受け取れば良いのでしょうか？　私たちに何を伝えようとしているのでしょうか？　エディット・シュタインの次の言及から彼女の答えが読み取れます。

▽「このコリントの信徒への勧告は、**神のものと人間のもの、そして永遠のものと一時的なもの**が混ざり合っていると考え、私たちはこの使徒に対して余り不快感をもつことがないようにしましょう。髪型や衣服の着方は、パウロ自身がその結末で次のように言っているように、習慣の問題です。『この点について異論を唱えたい人がいるとしても、そのような習慣は、わたしたちにも神の教会にもありません』（一コリ11・16）。コリントの女性が神への奉仕にあたってどのような身支度をしなければならないかは、パウロが設立したそこでの共同体で義務付けられていました。ですがそれは、常時そうしなければならないとか、全ての人に該当するわけではありません。」

▽「**男性と女性の関係**を規制する原則について彼の教義をどのように解釈すべきか、その方法は多様です。というのも彼はその規制を創造と贖いにおける神の秩序からの解釈として述べているからです。男性と女性はあたかも**一体であるかのように一つの人生を共に歩んでいかなければならない**と定められています。しかしながら最初に創造された男に、この愛の共同体の舵取りが委ねられています。このパウロの解釈は原初の秩序或いは贖いの秩序に十全に即していない印象を与えるばかりか、堕罪した本性の秩序に影響された支配と服従の関係を示し、そして女性と贖い主のあいだに男性の仲介を容認するように見えます。**創造の物語にも福音書にも女性と神の間に入る男性の仲介者の役割**などについては書かれていませんが、モーゼの律法やローマ法ではこの役割はかなり知られているところです。」

▽「さらに使徒自身他の掟も認識して、コリント人への手紙で、結婚、純潔について次のように語っています。「**信者でない夫は、信者である妻のゆえに聖なるものとされている**」（一コリ7・14）そして「妻よ、あなたは夫を救えるかどうか、どうしてわかるのか」（一コリ7・16）。ここで福音

の秩序に基づいて、全ての魂はキリストによって命を得、**キリストと結びつくことによって聖化するものは男女を問わず仲介者**として招かれていると話しています」[263]。

私たちはエディットが聖パウロの書簡をどのように方向づけて解釈しているかを見ています。パウロの言葉を文字通り受け入れる過ちに陥ることなく、又男尊女卑を唱えるこの使徒に対して単純に失格とみなすこともしません。エディットは〝毒麦〟の種を選別することを知っていて、パウロが時には当時の習慣にならってしまう傾向があったとしても、彼自身の内に客観的―福音的な筋道を見つけたことで、中庸の道を選んだのです。

エディットはパウロが男と女の関係について更に広範に語っている個所（エフェソの信徒への手紙5・22―23）を分析していきます。

「妻たちよ、主に仕えるように、自分の夫に仕えなさい。キリストが教会の頭であり、自らその体の救い主であるように、夫は妻の頭だからです。又教会がキリストに仕えるように、妻も全ての面で夫に仕えるべきです。夫たちよ、キリストが教会を愛し、教会のためにご自分をお与えになったように、妻を愛しなさい。キリストがそうなさったのは、言葉を伴う水の洗いによって、教会を清めて聖なるものとし、しみやしわやそのたぐいのものは何一つない、聖なる、汚れのない、栄光に輝く教会をご自分の前に立たせるためでした。そのように夫も、自分の体のように妻を愛さなくてはなりません。妻を愛する人は、自分自身を愛しているのです。わが身を憎んだ者は一人もおらず、かえって、キリストが教会になさったように、わが身を養い、いたわるものです。わたしたちは、キリストの体の一部なのです。『それゆえ、人は父と母を離れてその妻と結ばれ、二人は一体となる。』この神秘は偉大です。わたしは、キリストと教会について述べているのです。いずれにせよ、あなたがたも、それぞれ、妻を自分のように愛しなさい。妻は夫を敬いなさい。」

このテキストは非常に豊かな意味を持っています。というのも、使徒パウロは結婚を象徴しているものに私たちを向き合わせますが、それは結婚という枠の中で男と女の関係を導くべき規範となるからです。(264) エディット・シュタインは次のようにその要点を記します。

▽「**この段落が私たちに語っているところは、結婚という共同体はキリストに結びついていなくてはならないという事です。**主は創世記に書かれているように、結婚は不解消であること、そして一体となった二人の結びつきを強調しておられます。ここで使徒はこの結びつきをどのように理解しなければならないか説明しています。」

▽「全ての組織においては、その構成員は頭《かしら》の指揮下にあり、こうして集合体は調和が取れています。ですから私たちがここで話題にしている組織も一人の頭《かしら》の存在を必要とします。**この組織が健全であるなら、誰が頭《かしら》であり、誰が成員であるか、又各々の役割が何であるかというような議論は起こりえないでしょう。**」

▽「しかしながら忘れてはならないことは、次に述べる象徴的関係についてです。**キリストと教会**の比較はこのことを思い出させてくれます。キリストは私たちの頭《かしら》であり、もし私たちが従順に神に留まっているなら、そして愛によって私たちが神に一致するなら、神の命が私たち成員に注がれます。頭となるのは、この神秘体のみにとどまらずあらゆるところに現存しておられる人となられた神です。成員は自由で理性を持った固有の存在です。つまり**神秘体は頭《かしら》の愛と成員の自由な従属から構築されています**。神秘体における成員に託された役割は、各々がパーソナルに授かった愛と聖霊のたまものによって一人ひとりに託されたものです。成員の資質に従って、その資質を生かした奉仕を振り分けるのは頭《かしら》の知恵であり、組織全体の成長を助けるたまものを成員に授けるのは神の能力そのものです。この偉大な組織、すなわちキリストの神秘体の目的は、**成員ひとり一人が**――このそれぞれが魂と体を備えた完全な人間です――**救いの完成と神との親子関係に達するためなのです。**」

▽「**男は女の頭《かしら》でなければならない**。これについての説明として次のことが

言えるでしょう。**キリストが教会の頭**であるように、家庭の中においても同じことが言えます。ですから大きなキリストの神秘体で**成員が授かったたまものを十全に生かし**、その集合体の善のために働き、**全員が救いに与れる**のと同じように、男の役割は家庭を小さな神秘体とイメージしてそのかじ取りをすることです。人間はキリストではありませんし、たまものを分け与える能力も持っていません。しかしながら人間には教会の発展のために尽くす能力があります（同時に妨げる能力もあります）。さらにすべての人は他者のそのたまものが開かれるのを助けることもできます。真の知恵とは抑圧することではなく、全ての人の救いのためにこれらのたまものを十全に成熟させることにあります。」

▽「**というのも、人間はキリストのように完全ではなく**、いくらかの賜物と多くの欠点を持った被造物であり、**自らの欠点に対してはそれを補ってくれる教会の成員に解決策を求める**ことが究極の知恵となるでしょう。しかしながら組織の健全さのためには、頭の指示に従ってすべてが運ばれることが重要なことです。ですから女性が頭《かしら》を差し置いて出過ぎれば、その組

織は繁栄することはできないでしょう」(265)。

パウロのテキストのこの分析では、これまで観察してきたように、エディットは、服従、従順、従属など、社会的観点から見ると非常に否定的な感覚を持っているこれらの言葉の意味を明確にすることに興味を持っていました。エディットは言葉そのものを強く否定せずに、それらの言葉に与えようとしている否定的あるいは絶対的な意味を否定していますが、その点を見ていきましょう。彼女は私たちにその本来の意味を理解させるために、神学的観点からのみその価値を強調しています。

ここまで二つの大きなテーマを見てきましたが、これらは女性に対する男性の役割が、多分、より大きく強調されています。ですからエディットは一歩前に進み、共同体における女性の立場をより良く識別するためにテモテへの手紙一2・9–15に注意を向けています。

「同じように、婦人はつつましい身なりをし、慎みと貞淑をもって身を飾るべきであり、髪を編んだり、金や真珠や高価な着物を身に着けたりしてはなりません。むしろ、善い業で身を飾るのが、神を敬うと公言する婦人にふさわしいことです。婦人は、静かに、全く従順に学ぶべきです。婦人が教えたり、男の上に立ったりするのを、わたしは許しません。むしろ静かにしているべきです。なぜならば、アダムが最初に造られ、それからエバが造られたからです。しかも騙されたのはアダムではなく、女は誘惑されて罪を犯してしまいました。それにも関わらず、女性は、信仰と愛と聖性をもって慎ましくあり続ける限り、母性によって救われます。」

このテキストは女性にとって更に厳しく頑なな印象を与えます。エディットがここを無視するのではなく、注視していることは私たちの興味をひくところです。しかしながら、このテキストのように厳格に制約された教会の慣習や、往々にしてあった女性への差別に対し、彼女は首尾一貫した答えを聖書に見つけます。ここはエディットに分析してもらいましょう。

▽「**このテキストでは、コリント人への手紙よりもさらに明瞭に、原初の秩序と贖いによる秩序が堕落した本性によって覆い隠されてしまい、使徒はあたかも律法の精神によって教育されたユダヤ人が話しているような印象を受けます。共同体の福音的教義が全く忘れられてしまったようです。**ここで言われていること、そしてギリシャ共同体の独特の行き過ぎていると思われることは、**二つの性の関係に関する考え方**を特定する絶対的な根拠としてみなすことはできません。」

▽「**救い主が言われたこと、行なわれたこととあまりにも対極にあります。**救い主の身近にいた人々の中には女性もいました。そして実際に**救いの業は女性と男性の霊魂に同じように行なわれた**ことを立証しています」[266]。

▽「聖パウロは真の福音の精神を次のように、より良い方法で表現していますが、それはここで取り上げてきたパウロの説教とはまるで逆に取れます。『こうして律法は、わたしたちをキリストのもとへ導く養育係となったのです。わたしたちが信仰によって義とされるためです。しかし、信仰が現

れたので、もはや、わたしたちはこのような養育係の下にはいません……そこではもはや、ユダヤ人もギリシャ人もなく、奴隷も自由な身分の者もなく、男も女もありません。あなたがたは皆、キリスト・イエスにおいて一つだからです（ガラ3・24－28）』」。[267]

六章　イエスの母マリア

もし女性の完璧な原型である処女《おとめ》マリアを忘れたなら、聖書における女性の完全なビジョンを持つことはあり得ないでしょう。マリアはエディット・シュタインの人生において常に共にあり、女性についての聖書神学を理解していくための究極の典拠でした。エディットの著作におけるマリアについての言及は比較的広範囲なものであり、このテーマだけでも長いこと論じることが出来ます。ここでは私たちの当初の研究の目的に従って、聖書にマリアが直接関連している個所を観ていきましょう。

これまでの章を読んで来られた読者は、エディット・シュタインの聖書へのアプローチがいくつかのテキストの分析に限定されていないことに気が付かれたでしょう。主な結論は、救済史の包括的見解と読み方から現れてきますが、又マリアを観想することからも見えてきます。エディットが最も強調しようとしていることは、この救いの計画の中でのマリアの使命です。ここからマリアの模範的な役割が重要な意味を持ちます。私たちは福音書が伝えているマリアの姿にその役割を発見します。

1　女性史の中心におけるマリア

女性を扱った本でマリアを女性史の中心に据えているものは、カトリック系のものを除けばごくわずかしかありません。女性について書かれている研究の多くは信仰を前提にしていません。さらに難しいのは、キリスト教の領域に限定されている人々の立場を正当化することでしょう。しかし今はその議論には入らず、エディット・シュタインの明晰な見解と聖書神学を見ていきましょう。

「人類の歴史の中心で、とりわけ女性史の中心において、母性が聖霊によって変容し、同時に母性の身体性において自らを乗り越えた女性がありました。私たちにとって人間教育全体の目標がパーソナル─具体的─実存の人間の姿としてのキリストにあるのなら、すべての女性教育の目標はマリアにあります」(268)。

前の章において私たちは─シュタイン的視点から─真のキリスト教的フェミニズムは、男性、また女性としての二つの性の人間に対する正しい理解に基づいてのみ形成され得るということを強調してきました。そしてこのことの理解は完全な意味で、人間の起源と原初の召命を認識することでのみ可能なのです。それは常に神秘に覆われていますが、そのすべては人間の創造の物語に描かれています。しかし人間は罪によって原初の状態を失い、自らの力でそれを回復することは出来ません。そして、人間の完成を完全に再現させるだけでなく、更にそれを最後まで導くために、この歴史上にもう一組の人間の男女が現れたのです。この男女に私たちは男性、女性の両性における二つの顔の人間性の完全な実現をみています。

救いの歴史はキリストが私たちに自らを啓示し、その使命を実現されるということですが、マリアの役割はイエスに伴って、この観点からの意味をもっています。そしてここから救いの計画におけるマリアの使命と、立場が理解できます。ですから私たちは、キリスト（新しいアダム）に連なるマリアの使命の第一の資質として、マリアの中に新しいエバとしての使命を観なければなりません。これは単なる比較や類似ではなく、救いの実現のことです。人類の始まりにアダムとエバという一組の男女が出合い、彼らを通して罪が入りました。新たな始まりである真の存在は受肉の神秘において示されます。すなわち、イエスとマリアという罪のない新しい男女が、神の計画を完璧に成し遂げることが出来たのです。ですから超自然の秩序においてイエスとマリアは私たちの真の親なのです。

「…罪の宣告をされていない二番目の男女である新しいアダムと新しいエバはキリストとマリアです…キリストとマリアは真の人祖であり、神に結ばれた人類の真の原型なのです」(269)。

キリストとマリアのこの一体性はマリアとエバの関係と同じようにエディット・シュタインの思考において広く展開されます。旧約と新約の境界に新しいアダムとともに新しいエバが存在するなら、それは性差の永遠の重要性への非常に明確なしるしです。[270] キリストの傍らで、キリストの使命の親密な協力者として、マリアは贖われた人類の母として位置づけられています。彼女は御父のみ旨をあの最後の時さえも受け入れたことによってキリストの共贖者なのです。

「救いの業において私たちはもう一度新しいアダムとともに新しいエバである救済の協働者を見ることが出来ます。すなわちそれは、キリストとマリアという二人の姿で人類の前に現れた完全な人間の姿です。」[271]

旧約聖書において前表として示されてきた使命、それは原罪の後、エバが生けるもの全ての母となり、罪と戦う使命を受けます。[272] また、旧約聖書には自らの民族の救いのために特別な使命を果たす女性たちのことが記されています[273]…

救いの歴史でのキリストに伴うマリアの立場を見ると、教会の歴史における彼女の立場も推し量ることができます。すなわち最初に贖われた人としてだけではなく、彼女は教会の姿であり、象徴なのです。マリアは、教会の創立者の求めによって教会が実現しなければならない使命を自らの人生において再現したことで、教会を代表しています。マリアは神の母であり、最初に贖われた存在として新しいエバです。なぜなら彼女は誰よりもキリストの救いの業の傍らにいることの大切さを知っていたからです。教会はこの普遍的な母性の使命を実現し、キリストの足跡を辿りながら救いに向けて歩むようキリストによって定められているのです。従ってマリアほど教会の使命の本質を反映し、体現している人は他にいないのです。

「アダムの脇腹から生まれたエバは、新しいエバの象徴です。そのように私たちはマリアを理解しますが、それは教会全体のことでもあります…新しいアダム（イエス）の開かれた脇腹から生まれる教会です。教会として、神の母として、キリストの傍らにいるマリアは、救いの業の協力者として教会の原型であり初穂なのです。…マリアが教会の最も完全な象徴であるのは、彼女が原型であり源であるからです。彼女は全く特別な存在であり、その存在によって、その頭《かしら》までを含めた神秘体全体が形成されたからです。彼女はその中心的そして本質的立場から教会の心と呼ばれます…マリアを神の母と呼ぶのは単にその姿からだけではありません。彼女は真の意味で、崇高さにおいて、その上地上の母性を超越しているという意味で、私たちの神の母なのです。彼女は神の母として自らの存在、体、魂のすべてを捧げたとき私たちに恵みの命をもたらしました」(274)。

2　マリアの「なれかし」

マリアは単に特権によって新しいエバになるわけではありません。このことが実現するのは、マリアが神に「はい」と答えたその時、神の救いの計画への協力を自由意志で受諾した時です。「マリアは言った。わたしは主のはしためです。お言葉どおりこの身に成りますように」(ルカ1・38)。

エディット・シュタインにとって、このマリアの「はい」という答え、フィアットは大変重要な意味を持っています。そこから救いの歴史全体における処女《おとめ》マリアの役割の上に、そして主のはしためとしての生き方を形作っていく彼女の姿に光を当てている様々な意味が推し量ることができるからです。

▽それは人類の救いへの「はい」という答えです。マリアは「門」であり、その門を通って救いがもたらされます。(275)

▽マリアの「なりますように」は、失われた人間性の神への立ち返りを実現させます。それは神の子たちの従順のうちに、又人類が、神との本来の交わりに立ち返るときに実現される救いのしるしです。(276)

▽マリアの「はい」という答えは**神の国の始まり**です。すなわち、「幸いな処女《おとめ》マリアが彼女のフィアット（なれかし）を言葉にしたとき地上で神の国が始まり、彼女はその最初の民になったのです」。(277)

▽マリアの天使への答は、さらに、神の国の受諾の最も完全な表現であり、

それは神の恩寵に対する人間の自由で協力的な答が求められるものです。「しかし神は私たち無しで私たちを造られたのですが、私たち無しでは私たちを救うことはなかったのです…このことすべては処女《おとめ》マリアのフィアットにおいて成就し、最も完全な表現となり、自らの、また他者の救いのために働きながら神の国を広めるために歩み続けることとなるのです」(278)。

▽つまるところ、マリアの選択は全面的に神に仕える用意があるということを意味します(279)。そしてこれは彼女の全生涯を方向付け、特徴となる要素になるのです。

3　福音書の歩調で

私たちは福音書の中にマリアの真の顔を見ることができます。そこにはマリアについて知るべきことはすべて記されています。

「聖書には処女《おとめ》マリアについてごくわずかしか書かれていませんが、これらの言葉は純金の粒のようです。もしそれらを愛の観想の炎で溶かすなら、それは私たちと私たちの命を輝く光で照らすには十分すぎるほどのものです」(280)。

新約聖書のマリアに関するすべての箇所についてエディットは系統だった研究をしているわけではありません。また、大半のテキストへの言及は見られるもの の、そのすべてに及んでいるわけではありません。たびたび繰り返し強調してきたように、エディットは、処女《おとめ》マリアの生き方を特徴づけ、そして御子に従うすべての人たちのために模範となる、彼女のそのような要素と姿勢について強調することに主として関心を抱いてきました。マリアは最初に贖われた方として、そして完全な女性としてキリストの完璧な弟子の理想を自らのうちに体現していま す。私たちはそのことを見つけるべく彼女を観なければなりません。

エディット・シュタインからみて、マリアの福音的生涯を特徴づけているものは、神から託された使命に彼女のすべてを捧げていることです。そしてそのことが彼女の歩みを読み解くための ―フィアットで表明された― 鍵なのです。エディットはマリアの生涯の使命について短くまとめています。

「マリアは御子を身ごもったことを知った時から、この使命にすべてを捧げました。神から与えられたものを神のために護ったのです。御子の誕生の時までは彼女の生活は静かな期待に満ちあふれていました。その後は、熱心な奉仕、イエスの将来を予知させるすべての言葉やしるしへの配慮、イエスのうちの隠された神性への、そして幼子に対する責任ある立場として、イエスの死に至るまで、さらに死を越えて信頼のうちにイエスの業に参与したのです。(281)」

この全面的な惜しみない献身は、母としての召命への自己奉献と明記されています。母性に関しては、グローバルな意味での理解として、マリアは生涯を通して主の僕《しもべ》として仕える役目を果たします。次の個所は、母性と、神のみ旨の実現を混同しているようです。

「マリアの生活の中心は御子でした（ルカ2・51―52）。マリアは喜びの期待をもって誕生を待ちます（ルカ1・45―55）。幼子を見守り（ルカ2・39―40）彼の望むところはどこであろうと従います（ルカ2・46―50、同8・19―21、マタ12・46―50、マコ3・31―35，ヨハ2・1―12）。イエスの死を彼女の両腕で受け止め、彼から渡された遺言を実行します。すべてを自分のこととしてではなく、主のはしためとして神から命じられたことをするのです（ルカ1・38）。ですからマリアは御子を彼女のものとしてではなく、神殿に捧げるために（ルカ2・22―24）、そして十字架の死に至るまでイエスの歩みに添うことによって（ヨハ19・25―27）、神のみ手から受け取った御子を神のみ手に戻すのです」。(282)

以下は処女《おとめ》マリアの生涯をまとめたものです。マリアの生涯における主要なそれぞれの時についてのエディットの解釈を福音書の物語から論理的に続けて見ていきましょう。

・受胎告知（ルカ1・26―38）

エディットはこのお告げの物語全体のコメントをするよりも、私たちに伝えられている処女（おとめ）マリアの最初の言葉である彼女の答を主として強調するにとどめています。聖書のこの箇所に、彼女の読みと解釈を完成させるいくつかのマリアの伝承の姿を見つけていきましょう。

「受胎告知の対話で私たちがマリアの口から聞く最初の言葉『どうしてそのようなことがあり得ましょうか。私は男の人を知りませんのに』（ルカ1・34）、これは**処女性の表明**です。マリアは神に仕えるために彼女の心、体、魂、精神、**自らのすべてを捧げます**。彼女の生き方は神を喜ばせ、神はマリアの献身を受け入れ、神母性の受胎という恵みを与えました。マリアのうちに処女性の神秘が深く宿り、それについて後に御子はこのように言います『これを受け入れることのできる人は受け入れなさい』（参照　マタ19・

12)。『神がご自分を愛する者たちに準備されたもの』（一コリ2・9、イザ64・3）を体験した時マリアの心は喜び踊ったのです…　マリアの答を聞いて天使の不安は一掃されました。彼女からその誓いを切り離すことは神の計画には全くありませんでした。そのようなことは決してなく、まさに彼女の処女性のために聖霊によって受胎が実現したのです。すなわち**処女母性**となるのです。それでは処女《おとめ》マリアの二番目の言葉を聞きましょう。『私は主のはしためです。お言葉どおり、この身に成りますように』（ルカ1・38）。これは**従順の最も完全な表現**です。従うとは、他者の言葉に耳を傾け、その意志を受け入れることを意味します。そして相手が自分たちの長上であったり、従うべき道をより確かな方法で示してくれる才能を持っている場合には、相手に従うことは徳であり、言いかえればむしろ正義の行為です。ここで正義とは、それ自体が完全なものとして理解されるのではなく、それぞれに応じたものを与える枢要徳として理解されます」[283]。

・マリア、エリザベトを訪ねる（ルカ1・39―45）

先に私たちはエディットがこの出来事を重要視していることを指摘しました。すなわちマリアの訪問に、エリザベトの胎内の洗礼者ヨハネが感じた喜びに注目したのです。この場合、彼女は、母性とそして身ごもっているときの母子の密接な結びつきの重要性を強調しようとしています。単なる生物学的あるいは精神的なものを超えて、魂の霊的なものとして生じる一体性です。このように、エディットは、マリアの母性が、いかに母子の深いつながりをも意味しているかを私たちに示そうとしています。そしてここに、彼女はマリアの無原罪の御宿りの、教義的というよりもっと人間味あふれるものといえる意味について語ることができる根拠を見出すのです。

「罪以外は完全な人間になることを望まれた人の子は、母の愛によって身体形成のための血と肉だけでなく、魂の栄養も受けたのではないでしょうか？更にいえば、このことは無原罪の御宿りということの最も深い意味を成しているのではないでしょうか？身も心もひとり子に似ることを望んだその母は、完全に清くなくてはならないでしょう。マリアの母性は全ての母性の原型です。それなら、すべての人類の母親はマリアのように、自らの魂の豊かさが子供の魂に注がれるように、全霊をかけて母になるべきではないでしょうか」(284)。

・マリアの賛歌—Magnificat（ルカ1・46—55）

エディットの文書には、マリアの最も美しいテキストの一つ、マリア賛歌に関して解明、あるいは解説をしている記述はほとんどありません。マリアの生涯をたどれば、マリア賛歌の解釈を思索することはできるかもしれませんが、それでは私たちの目的から離れてしまいます。ここで何年か前に、エディットが書いたとされた文書を思い出します。彼女の自筆ではありませんが、彼女の考え方に非常によく似ているとされ、解放の神学に通じる、マリア賛歌の社会政治的な読み方をしていると考えられます。

「政治が宗教と全く関係がないと、そして霊魂を一般の生活から遠ざけねばならないと誰が断言できるでしょう？　もしナザレのおとめマリアが、沈黙と平和のうちに救い主である神に潜心し、マグニフィカトの真ん中の節で歌っているように、この世の現状に関心を寄せているなら、信仰深い者が、女性も劣らず、世の出来事に無関心でいることができるでしょうか…」(285)。

・神の御子を賛美する人たち（参照　ルカ2・12―20、マタ2・1―12）

エディットのいくつかの霊的な著作に見られるように、彼女は常にクリスマスの神秘を賛美していました(286)。その中でも彼女の関心は主としてこの出来事に秘められた神秘をめぐる人々に向けられていました。その人たちはみな、後の教会となる明らかなしるしです。私たちはここに教会の芽生えを発見します。それでも、三博士は彼女の思索の対象として特に重要な存在となります。

「東方の三博士の隊列が近づいてくるのを見て神の母の喜びはどんなに大きなものだったでしょう！　これは彼女が生涯ずっと祈っていたこと、そして預言者が予言したこととの成就です。『Rejes Arabum et Saba dona adducent』（シェバやセバの王が貢物を納めますように）（参照 イザ60・6、詩72・10） その時贈り物を携えて最初の異教徒が到着したのです。彼らに続く人びとは地上のすべての民が真摯に唯一の神を礼拝することが実現するまで絶えることはないでしょう。

マリアは心の眼で、他の数知れない旅人たちが近づいてくるのを見ていたのでした。まさにそれは、神の子の母であり、未来の王国の元后である彼女自身が呼び寄せる人たち、そして彼女が御子に従う人と呼んでいる人たちです。彼らは輝く黄金よりも、香りのよい乳香よりも、あるいは貴重な没薬よりももっと素晴らしい贈り物である天の恵みを携えてくるでしょう。それは地上のあらゆる富から離れた神への自由な愛であり、それ故に黄金よりも純粋な心です。その思いは神のみ旨への献身に燃え尽き、かぐわしい香の煙のように神へと昇ってゆき、その魂は受難を乗り越え、死者の没薬でその腐敗から解放されるのです。

これはマリアが皆に願ったことであり、御子が人々に求めること、すなわち清貧と従順と貞潔の道なのです」(287)。

・マリアはこれらのことを心に納めていた(ルカ2・19―51)

福音記者ルカは、マリアがそれらの起こったこと聞いたことすべてを心に納め、思いめぐらしていた姿を少なくとも二度明示しています。この福音記者の意図に、それを沈黙の対話のうちに神を求めるすべての人々への手本と励みとして示す意向を発見します。エディットはそれを次のように解釈しています。

「神の言葉を心に納めていた処女《おとめ》マリアは、イエスの神聖な祈りを繰り返し自分のうちによみがえらせる注意深い人々の模範です(参照 ヨハ17)。ですから主はマリアのような、キリストの命と受難に潜心し、教会の偉大な業の実現の道具となるために完全に自らを捧げる女性を選ばれたのです」(288)。

・カナでのマリア(ヨハ2・1―12)

カナの婚礼の出来事はエディットが考察しているように、マリアの生き方を形作っている姿勢と、世の中とその必要性に対する彼女の在り方そして向き合い方を私たちに示しています。

「…彼女の静かで思慮深い眼差しは全てを見守って、どこで何が足りないかに気付きます。そして、他者が気付かないうちに、恥をかかないうちに救いの手を差し伸べます。手立てや方法を見つけ必要な指示を与えます。すべて沈黙のうちに誰にも気づかれずに」(289)。

・十字架のもとで（ヨハ19・25―27）

エディット・シュタインは十字架の神秘について深く観想する人です。十字架のもとで、悲しみの聖母マリアを常に観想することを決して忘れません。ここではマリアはその時には御父のみ旨への忠誠と御子への愛を表明しています。というのも『十字架の下で、おとめたちの中の処女《おとめ》、マリアが**恵みの母**となったからです』(290)。

・聖霊の恵みを待ちながら（使1・4、2・1—4）

エディットにとって処女《おとめ》マリアは、教会の象徴であり、その最初の成員であると私たちは述べてきました。このことはまた、神の国の先駆者、人類の母としての使命に加えて、キリストに贖われた新しい人類の始まりに彼女を位置づけることを意味します。つまり彼女は中心となって**教会の外の活動生活の始まりに**立ち会われます。

「静かに祈る処女《おとめ》マリアの周りに集まった新しく生まれた教会は、その内面をより明確にし、外の活動を実りあるものにするために、聖霊の新たな注入を待ち望んでいました」(291)。

エディットのマリア理解は、ここで終わることはありません。しかし、私たちは、すべてのキリスト者、全女性の模範としてのマリアに関する彼女の考察の展開を形作る要素が、聖書の熟考からたどり着いた結果に根差していることを心に留めておきましょう。これらの強調されているすべての要素が、エディットのマ

リア論の特徴と考えます。(292)

七章　歴史的観点からの聖書の解釈

本書の第一章にエディットの伝記と救いの歴史にパラレリズムが見られることを強調する機会を持ちました。そしてそこで得られた結果は、この章の主題で展開しようとしている要旨に照らすと、さらに大きな重みを持ちます。エディット・シュタインの生涯は、現実全体に対して深い信仰心が際立っていましたので、神の勝利を確信して受け入れるだけでなく、彼女が生きた時代をどのように聖書の要と重ねて解釈していったかについて述べていきましょう。つまり、聖書の多くの要素や不変性は、彼女にとって歴史を読むうえでも、又、困難に直面していながらも神の内に勝利が既に約束されていたことを、前もって結論づけることに役立ちました。

シュタインの著書における最も代表的な三つの局面を見ていきましょう。
・十字架のキリストとエステル妃という二人の聖書の人物に照らされたエディットの召命の道
・ヒットラーに率いられたドイツの悲惨な歴史、すなわち反キリスト
・宗教的奉献の秘義をヨハネの黙示録の小羊の婚礼に照らしての理解

これらのテーマ全てに、ある不変のものを見出すことができます。すなわち最後の勝利への大きな希望、神は歴史の絶対的支配者であるということへの深い信仰、そして永遠の愛の実現を強調しています。これは、信仰、希望、愛における真の神的生命の完成への歩みであり、このような見方によってのみ人間が生きる上で、聖書が持つ意義そして重要性が見えてくると言えましょう。そしてこれこそが彼女の聖書解釈の鍵であり、理論を越えて実存的なものへと変化されていきます。

1　個人史

聖書の真の意味は歴史的な記述の書物にあることに基づいているのではないことを、信徒は誰しも理解しているでしょう。聖書はキリスト者にとって生きる上でのマニュアルであり、人生を歩むうえで問い、導かれるみ言葉との出会いなのです。既に言及していますが、エディットにとって、これが聖書の真価であり、彼女の人生ではそのような意味を成していました。

エディットがカトリック教会に入信する決意を固める前のこと、聖書が彼女の人生に疑問を投げかけたことがありました。これに関して一九一八年にローマン・インガルデンに宛てた手紙には――前に言及していますが――次のように記されています。

「私は、人間が世界の歴史の中で果たす役割を幾度となく理解しようと繰り返し試みましたが、無駄におわりました。しばらく前にルカ福音書の次の一節に引き寄せられました。『人の子は、定められたとおり去って行く。だが、人の子を裏切るその者は不幸だ』（ルカ22・22）。これはすべての人に当てはめられるのではないでしょうか？　事を引き起こすのは私たちであり、その責任は私たちにあります。それなのに、本当のところ、私たちは自分たちが何をしているのか分からず、たとえそれを放棄しても世界の歴史を止めることはできません。確かにこのことを理解するのはたやすいことではありません。それはそれとして、私には、宗教と歴史は密接に関係していて、そして原罪と最後の審判の間に世界の歴史を置いた中世の年代記者は、事実を科学的に証明する現代の専門家よりもはるかに賢明であり、後者によって、歴史の意味は失われたように思えます…」。(293)

確かに、洗礼を受ける四年前という彼女にとって歴史的な時期を迎えていた時に、このような福音書の意外な使い方をするとは、驚きを禁じ得ません。それ以降、エディットの人生にとって、聖書が歴史を解釈する鍵としての重要性を照らす要素となりました。その根底には歴史的或いは科学的な単純な観点からは私たちが解明できない理解不能な神秘があるのです。勿論エディットは歴史や科学に関する原則を軽視している訳ではありません。彼女は聖パウロの「すべてを吟味して、善いものを大事にしなさい」（一テサ5・21）[294]という原則を擁護しています。

しかしながら、信仰は、エディットが言及している中世の著者たち（これは聖書の著者にもいえることですが）が歴史の解釈の仕方を取り入れる姿勢として、少なくともより聡明な役割を果たしているといえます。それは全ての被造物において神が絶え間なく働いて現存しておられることを信じる信仰の実りです。使徒言行録17・28の『われらは神の中に生き、動き、存在する』[295]とあるように。そして又同時に神に全てを待ち望むことができることです。『わたしたちは、このような希望によってすくわれているのです…　私たちは眼に見えないものを望んでいるなら、忍耐して待ち望むのです』（ロマ8・24—25）[296]。

ここでは、エディットの人生の主軸であった「神のみ手に委ねて生きる」[297]という霊的な姿勢については触れません。私たちの目的は、彼女が聖書をいかに歴史の観点に当てはめて理解しているかを強調することです。

最も強烈で明らかな要因が生じたのは、ヒトラーの勝利によりエディットがユダヤ人として教鞭をとることができなくなった時でした。彼女はこの歴史的状況を、キリストの十字架の神秘から読み解き、そして自らの人生にこの十字架の神秘を受け入れ、福音的な呼びかけに従う機会に出会いました。その呼びかけとは「わたしについてきたい者は、自分を捨て、自分の十字架を背負って、わたしに従いなさい」（マタ16・24）。[298]このようにエディットは一九三三年以降、彼女の人生に起こった状況をこのように解釈し、そこからカルメル会への召命に出会います。

「私は十字架のもとで、当時兆しが現れてきた神の民の運命を理解しました…今となって、十字架のしるしのもとで主に結ばれるということの意味が確実にわかってきたように思います。しかしそれでも、十字架は神秘ですから、その意味を、理解し尽くすことはできません」。[299]

エディットは、狭い門から入るようにとの招きを人々に教え、そして自らもそのように生きてきました。十字架が救いの源であり、贖いの業に参加したいと思うことは、イエスがご自分に従うようにと全ての人々に示した招きを必然的に受け入れることを意味しています。それは困難な道であることを教え、間違いようもない呼びかけなのです。「命に通じる門は何と狭く、その道も細いことか」（マタ7・14）[300]。しかし、エディットは、「救いの摂理」においては、どんなに小さな努力も実を結ばないことはないと強調しています。贖罪のダイナミズムには、苦しみも無駄な労力もありません[301]。キリストの成員であることは、必然的に頭《かしら》の命に与り、意識的に頭《かしら》に結ばれて生きることであると確信が持てるまで聖書に親しむことは〝信徒に課せられた〟務めです。枝がぶどうの木の樹液を受けるように、成員も全身につながる血管を通して命を受けています[302]。

ペトロがイエスに答えて言った「主よ、私たちはだれのところへ行きましょうか。あなたは永遠の命の言葉を持っておられます。」というヨハネによる福音書6・68の言葉は、エディットの人生において絶えず響いていました。これは、エディットが次のように表現しているように、キリストへの根本的な選択を問う言葉です。「あなたは十字架にかけられた方との結びつきをもう一度確かなものにしたいですか？ あなたはどう答えるのでしょうか？」[303]。そして、そのような問いかけの中で、イエスの言葉がさらに強く響きます「あなたがたも、離れていきたいか」と（ヨハ6・67）。

福音の言葉は、生涯にわたる私たちへの絶え間ない呼びかけであると同時に、人生の現実に対する希望に満ちた答でもあります。「私たちには神に聞き入れていただくどんな権利を持っているのでしょうか？」… 私たちは実際「イエスの御名」において祈ってきたのでしょうか？ つまり、自分の栄誉のためにではなく、御父の栄光を求めてイエスの思いに添って祈ってきたのでしょうか？[304] そして、その答えは、聖書そのものから来ています。「自分のためにも、全世界のためにも、救いの井戸から水を汲もう。主イエスよ、来てください！ 早く来てくださ い！」という花嫁の言葉を、純粋な心で口にすることのできるお恵みをお与えください」[305]。

2　一人の、貧しく無力で小さなエステル

エディットが自分の人生を聖書に照らして理解していたことがうかがえるのは、エステル妃と重ね合わせていることです。このことは彼女の一九三八年以降の記述に見られます。「私は貧しく、無力で小さなエステルですが、私を選んでくださった王は計り知れないほど偉大で憐み深いのです」。(306) 悲劇的な最後が近付くにつれ、エディットはエステル妃と自らを重ね合わせることによって、とても大きな力を得ていました。そこで一九四一年の修道院長の霊名の祝日に、共同体のレクリエーションとして演劇作品を創作しました。この作品は「**夜に交わす対話**」と題されており、台本の中ではエステル王妃が院長の前に現れ、自分と同じように民の救済のとりなしを願う人を探しに来る様子が描かれています。

エステルの物語とこの演劇作品が重ね合わされていることは、この作品のすべての対話を通してみられます。状況は異なっても、歴史は繰り返されます。エス

テルはマリアのイメージ・モデルであるという、エディットの考え方に沿った明白な出発点があります。そしてマリアはすべての女性のモデルです。エディットは自身をマリアとエステルの二人に当てはめています。ここでエステルの物語とエディットの生涯の類似をとりあげてみましょう。

この二人の女性の心理状態を特徴づけている点について、以下のように要約することができます。

◇選ばれたという感覚　エステル記に次のように記されています。「王のために美しい汚れなきおとめらを探させましょう…その中にお気に召す女性がいましたら、王妃となさったらよろしいでしょう…」（エス　ギリシャ語2・2─4）。そしてこの出来事をエディットは次のようにパロディ化します。

「王の特使たちは、王のために最も美しい花嫁を求めて全国各州を探し回りました。私は宮廷に連れて来られましたが、まさか王が私に目を止められ

ると は思いませんでした」[307]。

エディットの人生は、ここに描かれているエステル妃の「王は私を選んだ」[308]ということと明らかにパラレリズムが見られます。エディットは自分が神から選ばれ、招かれたという事を自覚していました。

◇重大な危機にさらされている同胞のために何かをしなければという良心の呼びかけと必要性。この呼びかけには、共同体のための使命が暗黙のうちに込められています。エディットもエステル王妃も、民族を脅かす危険が差し迫っていることに気づいています。二人はユダヤ民族絶滅の法令の証人でした。エステルはハマンの（参照 エス3・6以下）そしてエディットはヒトラーの発布した法令のです。逃げることも、静観していることもできませんでした。二人とも民族の救いをとりなすために召されているのです。「王妃エステルは死の苦悩に襲われて、主に寄りすがった。彼女は華麗な衣装を脱いで憂いと悲しみの衣をまとい…そして主に祈った…」（エス ギリシャ語C・12－14a）。エディット・シュタインは、カルメル会に入会したとき、自分の民族が迫害を受け始めていることを知っていましたし、自らの親族も例外ではありませんでした。彼女は自身の安全を放棄し、自分の民の救いのために祈りと嘆願に身を捧げました。第一章で述べたように彼女の人生には、この真実の響きがたくさんあります。エディットはこの詩の中にエステルの物語をしっかりと刻みました。

「確かに困難なことだった
でもそれは神の御旨
それゆえわたしは宮廷に留まった
主に仕える者として。
わたしの誠実な叔父は、気遣ってくれた
度々宮の門にきて
民の逼迫と危険を告げに。
そして王のもとに行って願うその日がやってきた
わたしの民を敵から護ってくださいと」(309)。

（参照　エス4・6－16）

◇二人の弱さと無力さの感情　選ばれたにもかかわらず、その無力さと弱さが確認されます。一人の弱い女性が民族全体のために何ができるのでしょうか？　エディットは自らは「貧しく無力で小さなエステル」[310]でしかないと断言しながらも、エステル妃に次の言葉を投げかけます。

「懇願する以外の武器はなかったのでしょうか？」[311]

そして嘆願の祈り、全能の神との一致、そして他者のための犠牲と償いをもって、[312]エディットも又、自らの民を守るための武器としました。それらの武器は、神への大きな信頼に基づいた絶大な力を持っているのです。

「東や西の戦場で傷ついた人たちのうめき声が聞こえますか？　あなたは医師でも、看護師でもなく、彼らの傷を癒すこともできず、修室に閉じ込もり、彼らに手を差し伸べることもできません。死に瀕した人々の苦しみに満ちた声が聞こえますか？　あなたは、司祭になって彼らの傍らに寄り添っていたいと思うでしょう。あなたは、未亡人や孤児の叫びに心を動かされていますか？　あなたは慰めの天使となって彼らを助けたいと思うでしょう。十字架につけられたお方を見てください。もしあなたが聖なる誓いを真剣に遵守することで主の花嫁として十字架上の方と結ばれるなら、主の尊い御血はあなたの血となるでしょう。主と結ばれることによって、あなたは主と同じように、どこにでもいられるのです。実際には医師や看護師、司祭のように随所で人々を助けることはできませんが、十字架の力において、あなたはすべての前線、すべての苦悩のある所で彼らと共にいることができるのです。神の心からの愛であるあなたの憐れみ深い愛は、あなたを運んで行き、いたるところで人々を癒し、聖なるものとし、救いをもたらすキリストの御血をふりそそぐのです」(313)。

◇命を捧げる覚悟　おそらくこの要素にも、これまで見てきたことと合わせて、二人のイスラエルの娘には英雄的資質があるのでしょう。王妃エステルは、王の前に出ることが自分の死を意味することを知っていました。「定めに反することではありますが、私は王のもとに参ります。このために死ななければならないのでしたら、死ぬ覚悟でおります」（エス4・16c）。エステルの口から出たこの言葉を、エディットは次のように表現します。

「それは私にとって生か死だった
わたしは女官の肩に支えられ
もはや、夫の怒りも恐れていなかった
彼は慈愛に満ちた眼差しで
わたしに笏を差し伸べた
その時わたしの心は時空を超えて魅了された」[314]。

エディットもまた、自分の民の救いのために命を捧げるという姿勢を自らに課していました。以下は、彼女が修道院長宛てに書いた手紙の文面です。

「院長様、真の平和のために、イエスのみ心に私自身をいけにえとして捧げさせてください。もしできることなら、キリストに背くものの支配が新たな世界大戦をすることなく崩壊し、新しい秩序が確立しますように。今、夜中の十二時ですが、今日の内にでもこの身を捧げたく思います。私は自分が何者でもないということを知っておりますが、イエスはこのことを私に望んでおられ、それればかりか、ここ数日の間にきっと多くの人に呼びかけられるでしょう」(315)。

◇**二人にとっての唯一の価値、支え、希望は神です**。彼女たちの殉教への心構えと祈りへの献身は、絶対の、全能の、憐み深い神を共通にしています。神だけが勝利を約束してくれます。エステル記(ギリシャ語D・8a)には、「ところが神は、王の気持ちを変えて、柔和にされた…」(316)とあります。エステル王妃のとりなしが成功したというエディットの解釈は、彼女自身の人生に容易に当てはめることができ、彼女の経験と殉教への心構えが行間から読み取れます。

「雲の向こうにはもう一つの玉座があった
そこには神の中の神が住んでおられ
その前では、地上の王国は全て虚しい。
永遠の神ご自身がわたしの前に身をかがめ
わたしの民の救いを約束してくださった。
わたしはいと高き神の玉座の前に死んだように倒れ
夫の腕の中で神に再会した。
私に愛をもって語りかけ、誓ってくれた。
何であれ、わたしの望みを叶えようと。
こうして、いと高き神はハマンの手から
神のしもべエステルを通して その民を救った」[317]。

しかし、物語はそれだけでは終わりません。この劇中でエディットが再現したシナリオでは、院長がエステルに次のように尋ねます。

「今日、新たなハマン(318)が激しい憎しみをもって宣言した
その民族を　滅亡させることを。
もしやエステルが戻ってきたのはそのためですか？」(319)と。

そして、このエステルの答えは、彼女とエディットが重なって投影していることを私たちに確認させてくれます。それだけではなく、エディットは自分自身をエステル王妃の使命の継承者と考えています。

「あなたはこのように言った。
逃れ場をこい求めながら
わたしは世界をさまよう
追放されて踏みにじられた
祖国を持たない同胞のために。
彼等は死んではならない、と」(320)。

そして、院長のエステルへの最後の返事の中に、エディットが自らの民族のためにいかに決意ができているかが窺えます。

「あなたの民、あなたのイスラエルであるその民に
わたしの心の中の逃れ場を差し出します
救い主のみ心に彼らを連れていくために
そっと隠れたところで祈り、自らを捧げて」(321)。

3 聖書の観点から見たナチズム

前述のテーマと密接に関連して、私たちはエディットが自らが生きていた歴史的状況を、聖書の観点から再読していたことを知ります。彼女が自らの召命と使命をエステル王妃に重ね合わせて読み直すなら、対照的に社会的・政治的状況は主としてヨハネの黙示録に結び付けて考察しています。私たちは、彼女が否定的な意味での〝黙示録的〟な女性ではないことに気づきます。また、彼女は、自分

が置かれている酷い状況にもかかわらず、自分が生きていた世界に対して黙示論的なビジョンを持っていたわけでもありません。いうなれば、彼女は、聖書の最後に記された文書の著者の気持ちを汲み取っていると言えましょうか。彼女は社会の目に外見的に見えていることを超え、起こっていることの神学的意味を見いだしながら、歴史的な出来事を象徴的な鍵で見、読み、解釈していきました。彼女はその歴史を神学的基軸から読み直していましたが、常に深い希望的楽観主義に基づいていました。これが、彼女を悲観的な「黙示録派」から遠ざけ、「黙示録」の著者に近づく要因となっていたのです。この文書の著者であるヨハネについて、彼女は次のように語っています。

「終末の神秘的な啓示の大きな謎を私たちに示すために、彼は神の御子をこの世の審判者として捉えていました。黙示録は他のいかなる文書とも異なって、**私たちの時代の混乱をキリストと反キリストの間の大きな戦いの一部として理解することを教えています。この文書は妥協なしの真剣さとともに慰めとなる約束の書です**」[322]。

根本的には、この符合はキリストと獣（サタンまたは反キリスト）の闘いという主要なシンボルのひとつに基づいています。注意深くこの文書「イエス・キリストの黙示」（黙1・1）を読めば解釈する上での実践的なオリエンテーションとして役立つでしょう。ヨハネの黙示録の作者も、エディット・シュタインも、この文書を用いて、変わることのない原則と価値観を鍵とする歴史のビジョン、つまり、神は歴史の真の主であり、キリストにおいて悪はすでに征服されているということを私たちに伝えています。それは、イエスの次の言葉に示されています。「わたしは世の終わりまで、いつもあなたがたと共にいることを知りなさい」（マタ28・20）、「あなたがたには世で苦難がある。しかし、勇気を出しなさい。私は既に世に勝っている」（ヨハ16・33）。

もし、ヨハネにとって獣がローマ帝国の象徴であり、キリスト教徒の残虐な迫害者だとすれば（黙12－13章参照）、エディットにとっての獣は、彼女の時代のヒトラーとその追従者たちでした。エディット・シュタインは、一部の人類を敵対する者全ては、キリストにも敵であると捉えていました。第二次世界大戦が勃発した直後の一九三九年、彼女はこう書いています。

「今日、かってないほど、十字架は矛盾の印として現れています。反キリストの信奉者たちは、ペルシャ人が十字架を盗んだときよりもはるかに十字架に対し侮辱を働いています。彼らは十字架のイメージを汚し、キリスト者の心から十字架を引き剥がすために最大限の努力をしています(323)。これは稀に起こることではなく、嘗て私たちと同じように、十字架を担ってキリストに従うと誓った人の中にさえもそのような蛮行に及んでいた人たちがいるのです。だからこそ、今日、救い主は私たちを見守り、試され、私たち一人ひとりに問いかけておられるのです。十字架につけられたお方に忠実でいたいですか？　よく考えてください！　キリストと反キリストの戦いが公然と勃発し、世界は燃え上っています。もしあなたがキリストに従うと決意するなら、命がかかってくるかもしれません」(324)。

戦争、ユダヤ人の絶滅計画、信仰に厚いキリスト者への迫害などは、この戦いがまだ終わっていないことを示す例であり、地上の住民を欺く偽預言者はまだ存続しています（参照 黙示録13、15以下）。真にキリストに従う者は、自らの証言のためにたとえ命を失うとも、問題から逃げてはならない時なのです。しかし、小羊[325]は世に打ち勝ち、彼に忠実な者は守られます（参照 黙7・1―8）。ここに、キリストに従う者たちの強さと希望が根ざしているのです。ヨハネの黙示録7・14―17を読んでみましょう。

「長老はわたしに言った。『彼らは大きな苦難を通ってきたもので、その衣を小羊の血で洗って白くしたのである。それゆえ、彼らは神の玉座の前にいて、昼も夜もその神殿で神に仕える。玉座に座っておられる方が、この者たちの上に幕屋を張る… 玉座の中央におられる小羊が彼らの牧者となり、命の水の泉に導き…」

エディットが共同体の修道女たちに言った次の言葉は、まさに上述の内容にインスピレーションを得ているようです。

「しかし、修道生活を長く体験した後に、まだ見習いであり経験不足であると自分達自らに言い聞かせなければならないとしても、落胆してはなりません。小羊の御心の泉は尽きることはありません。あの嘗てのゴルゴダでの罪人の一人のように、今日もなお私たちは衣服を洗い清めることができます。この聖なる泉の癒しの力を信じて、私たちは小羊の玉座の前にひれ伏します…」(326)。

人生の逆境に直面しているキリスト者を励まそうとする黙示録の著者を動かしている力は、エディットが黙想の中で追い求めているのと同じ力です。自らの民族のために自分の召命を完全に捧げて生きることを志す彼女の深い信仰は、全く疑いの余地はありません。勝利の十字架への信頼は、彼女が歴史を読み、未来を予測　―このように言えるのなら―　するために繰り返し唱えている反復句です。これらのテキストの中には、黙示録が希望を美しく解説して私たちに伝えているものがいくつかあります。

「Ave Crux, spes unica!（めでたし十字架よ。唯一の希望よ！）世界は燃え上がっています。その炎は私たちの家に飛び散るかもしれません。しかし、高いところで、その炎の上に十字架がそびえ立っています。炎は十字架を焼き尽くすことはできません。十字架は地上から天への道です。信仰、愛、希望を持って十字架を受け入れる人は、三位一体の神の懐へと導かれていくでしょう。世界は燃え上っています。炎を消したいですか？　十字架を見てごらんなさい。開かれたみ心から救い主の御血が流れています。その御血は地獄の炎を消してくれます」(327)。

「小羊が栄光の玉座に高められるためには、屠られなければならなかったように、栄光への道は、婚宴に選ばれたすべての人を、苦しみと十字架を通して導きます。小羊と婚姻を結びたい人は、小羊と共に十字架に釘付けになることを覚悟しなければなりません。小羊の血で印された人は全てこのことに招かれ、そしてその人たちは洗礼を受けた人すべてです。しかしながら、すべての人がこの呼びかけを理解し、それに従うわけではありません」(328)。

しかしながら、エディットが歴史に対して否定的なビジョンを持っていると思うような間違いは避けなければなりません。彼女が聖書の言葉を使っているのは、真の、そして唯一の究極の希望である十字架の意義と勝利への地平を開こうとしているのです。この要素（復活）を忘れることは、「勝利の王、罪と死と地獄の神聖な征服者を忘れてしまうようなものです。キリストは私たちを奴隷状態から解放してはくださらなかったのでしょうか？ 私たちが天の父の幸せな子となれるように、私たちを王国に導き、招いてはくださらなかったのでしょうか？」[329]。現実的であり、同時に歴史観の神学的ビジョンは、キリスト者が世の中で行動する際に、真に取るべき指針を与えてくれます。この点について、エディットは次のように書いています。

「私たちが生きている世界のビジョン、必要性、悲惨さ、人間の悪の深淵は、常に光の勝利の喜びを減らしてしまいます。人類はまだ泥沼の中で戦い続け、山の高い頂上に安全にたどり着くことができた信徒はまだ少ないのです。キリストと反キリストの戦いは、まだ決着がついていません。この戦いの中で、キリストに従う人々は約束されていますが、(330) その主要な武器は十字架です。

これはどのように理解すればよいのでしょうか？ キリストが担った十字架の重さとは、罪と苦しみの全ての結果を伴った人間性の堕落であり、この結果によって堕罪した人間は罰せられるのです。この重荷をこの世から取り除くこと、それが十字架の道の究極の意味です。解放された人類が天の父のみもとに戻ることと受け入れられたその神の子たちの状態は、恩寵と、憐み深い愛の無償の贈り物です。しかしながら、これは神の聖性と正義を犠牲にして起こることではありません。最初の堕落から審判の日までの人間の過ちすべては、同等の罪の償いによって消去されなければなりません。十字架の道とは、この償いなのです。キリストが十字架の重さに耐えかねて三度倒れたことは、人類の三つの堕罪に相当します。つまり原罪、選ばれた民が贖い主を拒絶したこと、キリスト者の名を持つ人々の背信を指し

ます」。(331)

ある意味、エディットはキリストの神秘に向かう歴史の再解釈をおこなっています。ここでの言葉の神秘は、ご降誕の神秘です。しかしベツレヘムの神秘の中に、最終的な完成に向かって歴史が絶え間なく繰り返されているのです。

「しかし、天と地はまだ一つになっていません。ベツレヘムの星は、今でも、闇夜に輝く一つの星です。ご降誕の厳粛な日から二日後、教会は白い祭服を脱いで血の色を表す赤い祭服に着替えます。そして四日目（日曜日に当たらない時）には悲しみを表す紫を身にまといます。主に従って最初に殉教した先駆的殉教者ステファノと、無垢な子供たち、ベツレヘムとユダヤの乳飲み子たちは残酷な処刑人の手によって無残にも首をはねられました。この人たちは全員飼い葉桶の幼子の随員なのです。このこと全ては何を意味しているのでしょうか？　天の万軍の喜びはどこにあるのでしょうか？　聖夜の静かな幸いはどこにあるのでしょうか？　地上の平和はどこにあるのでしょうか？　地上には善意の人に平和がありますように！　ですが、この地上にいる全てが善意の人ばかりではありません。まさにそのために、永遠の御父の御子が天の栄光から悪の神秘が影で覆っていた地上に降りてこなければならなかったのです。

地は暗闇に覆われていたので、御子は暗闇の中に輝く光として来られましたが、闇は受け入れませんでした。御子を受け入れた人々には光と平和がもたらされました。この平和とは天の父との平和、光と天の父の子ども達であるすべての人々との平和、深く親密な心の平和ですが、闇の子たちとの平和はありませんでした。平和の御子は彼らに平和をもたらすのではなく、剣をもたらすのです。闇の子たちにとっては、御子は混乱をもたらす石であり、彼らはその石にぶつかり砕け散ります。これは、重大で厳然な真理ですが、ベツレヘムの幼子の詩的な喜びで覆い隠してはなりません。受肉の神秘と悪の神秘は依然として密接に関係しています。天から降り注いだ光は、暗黒の罪の夜とは対照的です。飼い葉桶の幼子は、その小さな腕を伸ばし、そのほほ笑みはあたかも、後年口になさるであろう『疲れた者、重荷を負う者は、だれでもわたしのもとに来なさい。休ませてあげよう』（マタ11・28）と語っているかのように見えます。そして、その呼びかけに耳を傾けた者には、恵みの露が幼子の手をもって注がれ、『彼らは喜びにあふれた』のです（マタイ2・10）」[332]。

決定的な勝利の到来と、悪魔とその手下たちの最終的な敗北が、黙示録全体にわたって緊張感をもたらしています。この文書の最終の何章かは（17―22章）は、この真理を明らかにしています。キリスト者の希望は、生きている状況がどんなに辛い（迫害や絶滅）ものであっても、むなしいものではありません。幸せな結末が告げられるのは、王国、新しいエルサレムが現実に存在し、み業が行なわれているからです。キリストの現存とそのみ業は、このことを確信させてくれます。

「彼（黙示録の著者）は、『聖なる都、新しいエルサレムが、夫のために着飾った花嫁のように用意を整えて、神のもとを離れ、天から下ってくるのを見た』（黙示録21・2）。キリストご自身が天から地上に降りてこられたように、キリストの花嫁である聖なる教会もその起源は天にあり、神の恩恵によって生まれ、神の子とともに天から降りてきたゆえに、神の子と不可分に結ばれています。聖なる教会は生きた石で建てられ、神のみ言葉が処女《おとめ》マリアの胎内で人性を受け入れたときに、その礎石がおかれました。その瞬間に、神の子と聖母の魂の間に、花嫁の関係という名称で知られている最も親密な一致の絆が結ばれたのです。

世界から隠れていた天のエルサレムが地上に現れたのです。この最初の花嫁の結びつきから、強大な建築物の一部を構成するすべての生ける石、すなわち、恵みによって命に目覚めたすべての魂が生まれることになったのです。花嫁である母は、すべての救済された人々の母となり、新しい命が芽生える細胞のように、神の生ける都を建てることになります。この隠れた神秘は、聖ヨハネが十字架の下で聖母のそばに立ったときに明らかにされ、聖母の息子として委ねられました。その時、教会は目に見える存在となって誕生したのです。教会の時は来ましたが、まだその完成には至っていませんでした。教会は生きており、小羊と婚約しましたが、婚宴の時が来るのは、サタンが決定的に敗北し、救われた最後の人々が最後まで戦いを終えた時です」(333)。

救いの歴史全体を通して存在しているその未来の希望は、エディットに、旧約聖書と新約聖書を貫いて存在するものを発見させます。それは、不当な状況によって失望しそうになる時、希望を回復させるという独特の使命を持った象徴的な姿や人物の登場です。これは、私たちが聖書に触れることによって学べる素晴らしい教訓のひとつであり、多分エディットは、聖書の同じカテゴリーを自分が生きた歴史に当てはめて、私たちに伝えたかったのではないでしょうか。

「罪の夜に沈み、神から遠ざかる時代ほど、神と親密に結びついている人がなおさら必要となります。このような状況下にあっても、そういう人々は存在するのです。最も暗い夜に、最も偉大な預言者や聖人が現れます。しかし、神秘的な命に生気を与える流れは、目に見えないままです。おそらく、世界の歴史における決定的な出来事は、歴史書には何も書かれていない人々に本質的に影響されているのではないでしょうか。そして、私たちの個人的な人生における決定的な出来事についてどのような方に感謝しなければならないかは、隠されていたものがすべて明らかになる日にのみ経験することになります」(334)。

4　小羊の婚礼と奉献生活

エディット・シュタインの著書の中で、特にこれまで引用してきた文章には、頻繁に繰り返されている、そして改めて私たちを『ヨハネの黙示録』に結び付ける一つのテーマがあります。それはこの聖書の文書が私たちに示す修道誓願が内に持つ神秘を配偶者の範疇から読み取ることです。

「自分をただひたすら主に捧げ尽くすために自然的絆(家族、人びと、環境)を放棄するように主に呼ばれた者においては、数多くの贖われた者よりも、より一層強い婚姻の絆で主と結ばれます。小羊の望まれる方法で永遠にその一部となり、神の小羊のいくところへ従い、他の誰もが歌えないおとめたちの賛歌を歌うのです（黙示録14・1―5参照）」[335]。

そして黙14・3―5にはこう書かれています。

「この歌は、地上から贖われた十四万四千人の者たちの他は、覚えることができなかった。彼らは女に触れて身を汚したことのない者である。彼らは童貞だからである。この者たちは、小羊の行くところへは、どこへでも従って行く。この者たちは、神と小羊に献げられる初穂として、人々の中から贖われた者たちで、その口には偽りがなく、咎められるところのない者たちである。」

この場合には、エディット自身の独創的な見解は全く見当たらず、むしろ彼女は教会の伝統の中に深く入り込んでおり、そして典礼自体において象徴的重層性を持っていることを暗示しているようです。おそらくエディットの独創性は、これが単なる象徴主義ではなく、この終末論的な現実が神秘的に実現されていることを明らかにすることにこだわっていたのでしょう。「小羊の婚礼の日が来て、花嫁は用意を整えた」（黙示録19・7）。「誓願式の前夜、私たちの心にそのように響いてきました… 私たちの聖なる召命の深遠で神秘的な意味を秘めた、神秘にあふれた言葉が」[336]。

この意味において、前述したことに照らし合わせると、宗教的奉献は、歴史の中で、基本的な使命を持っていることになります。これは特に、最も悲観的になっているときに、王国の重要性を預言し、終末論的勝利を思い起こさせるという使命を指しています。これは一瞬に実現されるものではなく、日々の忠実な献身をとおして実現されるものです。

「修道生活への望みが魂に目覚めれば、それは主が彼女に求婚しているかのようです。そして、彼女が聖なる誓いによって主に自らを捧げ、『来たれ、キリストの花嫁よ』を受け入れるならば、それはあたかも天上の婚礼の宴を予知されているかのようです。しかし、ここでは、喜びに満ちた永遠の宴への期待でしかありません。神に奉献した魂の婚姻の喜びとその忠実さは、表に見える戦いや隠れた戦いの中で、また、修道生活の日常の中で証されなければなりません。彼女のために選ばれた花婿は、死に追いやられた小羊です。もし主と共に天の栄光に入りたいのであれば、自分が主の十字架にくぎ付けにされることを覚悟しなければなりません。三つの誓願はくぎです。十字架の上に自ら進んで身を差し出し、そして槌の衝撃に忍耐強く耐えるほど、十字架につけられた方と結ばれているという現実をより深く体験します。このように十字架につけられることとは、彼女にとって婚宴を意味します」(337)。

結論

序文では、十字架の聖ヨハネの確信ある言葉を紹介しましたが、ここではその言明全文を引用したいと思います。これらの言葉は、この本を締めくくるにあたって私の考え得る最高の結論だと思っています。聖書の豊かさはあまりにも大きく、エディット・シュタインが私たちに提示する示唆はあまりにも多いため、唯一可能な結論は、観想と沈黙への招きということになります。そこに、神が私たちに伝えようとしているメッセージを心から聞くことができるのです。

「神は唯一のみ言葉（他の言葉という物はあり得ない）である御子をわれわれにお与えになったことによって、この唯一のみ言葉のうちに、すべてを一度に語られ、それ以上に話されることはないからである…

したがって、今日になってもなお、神に何かを尋ねたり、あるいは何かの示現や啓示を望むような人は、愚かなことをするだけでなく、神を傷つけることになるだろう。というのもそうしたことは、すべてキリストに目が注がず、他の何か新奇なことを望むことだからである。神はそうした人に、次のようにお答えになるであろう。『わたしは、私の言葉であるわが子によって、すべてのことをあなたに話し、その他何も言うべきことをもたないのに、なおそれ以上のことを応えたり示したりすることができるだろうか？　あなたはその目を彼の上にのみ注げ。なぜならば、彼において私は、あなたに全てを語り、かつ啓示したのであるから。あなたは、あなたの請い求める以上のものを彼のうちに見いだすであろう…』

したがって、以前の、あのような形で神に伺うべきではなく、また神がそのようにお話になる必要はない。神は、キリストにおいて信仰の全てを語られたのであるから、さらに、それ以上啓示されるべき信仰はなく、またこれからも決してあり得ないからである…」（カルメル山登攀、第二の書、22・3–7）。

（引用訳：奥村一郎 ocd 訳、カルメル山登攀、ドンボスコ社　一九六九年発行）

終りにあたって

この度「イエスの聖テレサとともに祈る」に続いて、ハビエル・サンチョ師著「エディット・シュタインと読む聖書、女性の観点からみ言葉を聞く鍵」を松岡順子様、安場由様の愛を込めた一方ならぬご尽力による翻訳が完成して、出版まで漕ぎつけることが出来ましたことを、心から感謝申し上げたいと思います。

生粋のユダヤ教の家庭に生まれながら、アビラの聖テレジアの著作を通してイエス・キリストと出会い、カルメルの霊性を深く極める事となる著名な哲学者エディット・シュタインは、やがてカルメル会修道女としての隠れた生活から自分の民族の為に神への全き捧げものとして、アウシュビッツへと十字架の道をたどり、一九四二年八月九日にガス室で身を捧げました。

一九九八年に教会から列聖され、今は全ヨーロッパの保護の聖人に挙げられている十字架の聖テレジア・ベネディクタ（エディット・シュタイン）をこの本を通して少しでも日本の皆様にご紹介出来ますことを本当に嬉しく思います。

この本の出版に当たり、翻訳の上でお忙しい中、色々お力をお貸しくださいました札幌教区の蓑島克哉神父様、神言会の暮林響神父様、その他の神父様方、また推薦状をお書きくださいました上智大学の片山はるひ教授（ノートルダム・ド・ヴィ会員）に心からお礼と感謝を申し上げます。又出版をお引き受けくださいましたコンベンツアル聖フランシスコ修道会の山口雅稔神父様、聖母の騎士社の大川乃里子様はじめスタッフの皆様、そして校正を担当してくださいました森田重昭様にも心から感謝申し上げます。そして同修道会の赤尾満治神父様には素晴らしい表紙カバーをデザインしていただきました。ご協力くださいました皆様のご愛徳に十字架の聖テレジア・ベネディクタが豊かなお恵みを取り次いで報いてくださいますよう感謝の中に心から祈りつつ。

伊達カルメル会修道院

翻訳に使用した引用文献

聖書　新共同訳　日本聖書協会
カルメル山登攀（十字架の聖ヨハネ著）奥村一郎ocd訳、ドン・ボスコ社　一九五六年
完徳の道（イエズスの聖テレジア著）東京カルメル会訳、ドン・ボスコ社　二〇〇六年（九版）

翻訳のために使用した主要参考文献

カトリック教会のカテキズム要約　カトリック中央協議会
第二バチカン公会議　教会憲章　カトリック中央協議会
エディット・シュタイン　愛と真理の炎　須澤かおり著　新世社　一九九七年
エディット・シュタイン　愛のために　鈴木宣明著　聖母文庫　一九九八年

略号表

Cartas	Autorretrato epistolar (1916-1942) 書簡における自画像
CC	Ciencia de la Cruz　十字架の学問
EA	Estrellas Amarillas　黄色い星
Empatía	Sobre el problema de la Empatía 感情移入の問題
EPH	La estructura de la persona humana 人間的人格の構造
ESW	Edith Stein Werke エディット・シュタイン全集
Mensch	Was ist der Mensch (ESW XVII) 人間とは何か (ESW XVII)
Mujer	La Mujer. Su naturaleza y misión 女性。その本性と使命
Obras	Obras selectas (MEC12) エディット・シュタイン作品選集
FSE	Ser finito y ser eterno 有限なる存在と永遠なる存在
DV	Dei Verbum 神の啓示に関する教義憲章（啓示憲章）

【注】

一章　救済史としての伝記

(1)　レビ 16・16-17
(2)　教会の祈り、Obras 402
(3)　ミュンスターで行われた講座「女性教育の諸問題」のなかで箴言 31・10-31 を引用。Mujer182
(4)　同 223-224
(5)　拙著「エディット・シュタインによる今日の霊性。20 の研究と省察」参照、1997 年ブルゴス
(6)　EA 68-69
(7)　EA 136
(8)　隠された生活とご公現、Obras 244.（太字は著者）
(9)　参照 出3・2-3。
(10)　Psychische Kausalitat, en Beitrage zur philosophischen begrundung der Psychologie und der Gesiteswissenschaften, Tubingen 1970, P76.（太字は著者による）
(11)　エディットの改宗の過程に関する詳細は拙著「エディット・シュタイン、理想の模範、霊性の師」1997 年ブルゴス、モンテカルメロ出版社参照。
(12)　参照 出3・10、マタ 17・1-9
(13)　Cartas 63（太字は著者による）
(14)　彼女の作品には私たちが可能な手段を通してキリスト自身の生活を手本にする必要性を何度も説いている。参照：XII,　228-229
(15)　ESW XII,97-98（太字は著者による）
(16)　SFSE 371. 参照 EPH 296

(17) SFSE 471
(18) EPH 24
(19) Cartas 63
(20) Cartas 159
(21) 引用 CC 77
(22) 「私がケルンのカルメル会へ入ったいきさつ」、Obras 195-196
(23) 「十字架の称賛」に記載、Obras 235
(24) 1938 年 12 月 9 日付け手紙、Cartas 321-322
(25) 1932 年クリスマスの手紙、Cartas 143
(26) Obras 228-229 子羊の婚礼、エディットはこの個所をヨハネの黙示録 19・7「子羊の婚礼の日が来て、花嫁は用意を整えた」から始めている。
(27) Obras 236-237
(28) 同 237
(29) 1939 年 3 月 26 日付手紙、Cartas 331「親愛なる院長様　真の平和を願って私自身をイエスのみ心にいけにえとしてお捧げさせてください。世界大戦が再び起こることなくして 反キリスト勢力が滅亡し、新たな秩序が始まりますように。今はもう夜半ですので、今日の内にこの身をお捧げしたいと思います。私は何ものでもありませんが、それでもイエスはこの私にそれを望んでおられることを知っております。そしてこの日々、イエスはまだもっと多くの人々を招いておられるでしょう。」
(30) 「クリスマスの秘義」(Obras 383) にて省察
(31) 参照 遺書、Obras 217
(32) 1938 年 10 月 31 日付手紙、Cartas 317

(33)　エーリッヒ・プシワラ、In und Gegen, Nürenberg 1955, pp72-73
(34)　ルカ 22・52
(35)　1942年8月4日付手紙、Cartas 379
(36)　遺書、著作集 217
(37)　十字架への愛、著作集 259
(38)　CC 16

二章　神の啓示　人となられたキリストの啓示

(39)　エディットはヨハネ 14・8に言及、Mensch 42 参照
(40)　SFSE 58
(41)　同 77
(42)　同 359ss
(43)　DV 2参照
(44)　Mensch 52 参照
(45)　神認識の道、Obras 455
(46)　啓示憲章4
(47)　SFSE 124
(48)　参照 Mensch 52
(49)　参照 VT 228-229
(50)　参照 クリスマスの神秘、Obras 390
(51)　参照 DV 3
(52)　CC 87
(53)　参照 女性教育の諸問題、Mujer 248 & 252
(54)　神認識の道、Obras 486-487
(55)　参照 Mensch 52, DV 6

(56) 啓示憲章では神の啓示の目的は人類の救いであると明白に記しているが (No.6)、2番目の「人となられたキリストの啓示」については明瞭には示していない。この意味においてエディットのオリジナルな見解と思われる。このことについてはⅣ章の「聖書における人間学的解釈」でもっと近くから考察していこう。
(57) 参照 Mensch 52
(58) SFSE 475
(59) 参照 クリスマスの神秘、Obras 387
(60) 社会における女性の尊厳と重要性、Mujer 296-297
(61) 参照 キリスト者としての女性の生き方、Mujer 106
(62) 参照 CC 45
(63) 参照 VT 210
(64) 啓示憲章では啓示の人間学的 意味について明確に示していないが、第二バチカン公会議　現代世界憲章 (Gaudium et spes.) 22 .41には明らかにされている。
(65) EPH 293
(66) EPH 22
(67) EPH 293
(68) SFSE 75
(69) EPH 296
(70) SFSE 44
(71) SFSE 77
(72) DV 13
(73) SFSE 44
(74) DV 11
(75) 神認識の道、Obras 477
(76) Obras 449-495

(77) 神認識の道、Obras 469
(78) 同 477-488
(79) 参照 イザ6
(80) 神認識の道、Obras 478
(81) 同 479
(82) 同上
(83) 同 479-480
(84) 同 479-480
(85) 参照 Mensch 40
(86) 参照 神認識の道
(87) 参照 SFSE 75
(88) Mensch 41-42、参照 ヘブ 11・1 ss、一コリント2・9
(89) SFSE 75-76
(90) 参照 CC208
(91) 参照 同上 225
(92) SFSE 77
(93) 同 471
(94) 参照 Mensch 52
(95) ESW XII,98-99
(96) 神認識の道、Obras 449
(97) 教皇ヨハネ・パウロ２世は次のように述べている。哲学と神の言葉の関係は西洋圏に関して言えばジョン・ヘンリー・ニューマン、アントニオ・ロスミニ、ジャック・マリタン、エティエンヌ・ジルソン、エディット・シュタイン等の最近の思想家によって成された探求に現れている。これらの師の霊的な道のりに注意を払うことは、真理探究の進展や人が奉仕する際の応用に必ずや役立つであろう。
(98) 女性教育の諸問題、Mujer 187

三章　「感情移入」による聖書の読み方

(99)　EA p.201
(100)　参照 Empatía 22
(101)　1995年、メキシコ、イベロアメリカ大学に於いてスペイン語版が出版される。
(102)　Empatía 24-25
(103)　エディット・シュタインの人生における哲学と神秘主義の緊密な関係については、拙者の研究論文、「有限なる存在と永遠なる存在：エディット・シュタインにおける哲学から神秘思想への変遷」、モンテ・カルメロ107号（1999年）365-387を参照
(104)　Empatía 33
(105)　同 25
(106)　参照 同 51-53
(107)　Empatía 147ss
(108)　参照 同 51
(109)　同 42
(110)　同 109
(111)　同 37-38
(112)　Empatía 33
(113)　ルイジア・ディ・ピント // エディット・シュタインにおける哲学の息づかい。Giuseppe Laterza 出版、バリ、1999, P.149
(114)　他者との類似点を通して自分を見るとき、自分を知ることができるとエディットは肯定する。Empatía 112
(115)　Empatía 182-183
(116)　参照 CC 6-7

(117) 女性の職業の本質、Mujer 30-31
(118) 聖書のテキストに直接基づいてはいないがエディット・シュタインはこの能力を彼女の様々な著作の中で表している。「女性のキリスト教的生活」「女性81-134」の講演で、いくつかの文学作品の分析に基づき、如何にして何人かの登場人物の現象学―感情移入の理解に至ることができるかの典型的な例を私たちに提示している。
(119) 手紙 1918年2月19日付ローマン・インガルデンへの手紙、1998年マドリッドEDE 出版社P. 74
(120) 参 照：R. Kühn,Leben aus dem Stein, Zur philosophische Grundintution Edith Steins, en Freiburger Zeitschrift für Philosophie und Theologie 35 (1988) 161.
(121) この件に関しては本章末尾の項目"十字架の知恵"で詳しく扱う
(122) 「十字架の学問」45
(123) CC 45
(124) 「教会の祈り」、Obras 407
(125) 「神認識の道」、Obras 472
(126) 同 474
(127) 同 476
(128) 同上
(129) 「教会の祈り」、Obras 394
(130) カルメルの歴史と霊性、Obras 278

(131) エディットは講演の中で絶えず聖体祭儀的に生きる必要性に触れている。このことは主に、キリストに似た者と変えられるための正真正銘な道として聖体祭儀の神秘に感情移入的に深く入っていくことにある。聖体祭儀的教育、Obras 34-35
(132) このテーマについてエディット・シュタインはほぼすべての教育学的な講演会や著書の中で語っている。その明らかな例は、「教育における女性の技能」にある。全集 101 -118
(133) カルメルの歴史と霊性、Obras 278
(134) クリスマスの神秘、Obras 385
(135) 完徳の道（26 章４- ６）、イエスの聖テレサ全集　モンテ・カルメロ出版社　ブルゴス　1997 年（第８版）P. 531 -532 【日本語訳引用：完徳の道、東京女子カルメル会訳、ドン・ボスコ社、2006 年】
(136) CC 229-230
(137) 参照 十字架称賛、Obras 222
(138) 教会の祈り、Obras 395
(139) ヨハネによる福音書 11・41-42 参照
(140) 教会の祈り、395-396
(141) 教会の祈り、Obras 400-401（太字は筆者による）
(142) 同 403
(143) 同上
(144) 参照 マタ 11・28
(145) 参照 マコ１・17
(146) クリスマスの神秘、Obras 379-380
(147) 同 385
(148) 聖パウロの愛の賛歌、一コリ 13・４- ７参照
(149) クリスマスの神秘、Obras 383

(150) 遺書、Obras 217
(151) 東方の三博士の祭日（1942)、Obras 251-252
(152) ハンガリーのエリザベト 聖女養成における自然と超自然 全集 48-49（太字は著者による)
(153) 十字架への愛 Obras 258、十字架称賛参照、Obras 224
(154) CC 317
(155) CC 14-22
(156) 参照 マタ 20・19、同 26・2
(157) 参照 マタ 10・38、同 16・24、マコ 8・34、ルカ 9・23、14・27
(158) 参照 ルカ 9・24、マタ 10・39、ルカ 17・33、ヨハ 12・25
(159) CC 16
(160) 参照 イザ 42・1-9、同 49・1-6、同 50・4-11、同 52・13、同 53・12
(161) CC 17
(162) 明らかにエディットは預言者エリヤについて語っているが（列王記上 1-3)、他の預言者たちの召し出しについても暗黙のうちに広く眼差しを向けている（イザ 6・1-13、エレ 1・4-10)。
(163) CC 19
(164) CC 20　エディットが示す聖パウロのテキストの他の引用個所　フィリ 2・7-8、ガラ 2・19-20、同 6・14 及び 17、ロマ 6・3-4、Ⅱコリ 12・9、ガラ 5・24
(165) CC 22
(166) 手紙 1941 年 12 月　手紙 369
(167) CC 40

四章　聖書における人間学的解釈

（168）　この章において“人間”という言葉を使うときには、注釈がない限りにおいては、一般的な表現形式として用いる。言い換えれば性別に関係なく人間（ser humano, persona）を指す。

（169）　EPH 22

（170）　人間学的思考の総合的ガイダンスについてはESM XII,211-214no Jugendbildung imLichte des katholischen Glaubens参照

（171）　EPH294

（172）　RSW XVII, Was ist der Mensch?（現在ではドイツ語以外の言語では出版されていない）

（173）　通常エディットはこの創造の最初の物語を頻繁に取り上げる。又二番目の物語（創２）も頻繁に参照するが、その場合は他の側面との関係で内容を明らかにしたり、明確にしたりするときに引用している。参照：Mensch 26ss

（174）　参照Mensch 26

（175）　このテーマの重要性については前述した「エディット・シュタイン、霊性の模範と師」Burgos 1997年を参照

（176）　SFSE 519

（177）　SFSE 519

（178）　同113

（179）　参照EPH 16、女性教育の諸問題（Mujer 219-220）

（180）　この課題については、彼女の作品SFSE 440ssにおいて広く触れている。EPH 15-16も参照。

(181) 参照：SFSE 366
(182) 男性と女性の使命、Obras 123
(183) 同上
(184) 参照 女性教育の諸問題、Mujer 219
(185) 参照 女性教育の諸問題、Mujer 208
(186) Jugendbildung im Lichte des katholischen Glaubens, ESW XII 215
(187) 典型的な例で十字架の聖ヨハネの霊の賛歌（CB 1, 1）全集、Burgos 1982 年、又イエズスの聖テレサの霊魂の城（1M 1, 2）全集、Burgos 1978 年。エディット・シュタインもこの基本に頻繁に参照している。
(188) SFSE 462. EPH 15 にも類似の言及がある。
(189) 参照 Mensch 27
(190) 女性教育の諸問題、Mujer 212
(191) 参照 東方の三博士の祭り（1942）、Obras 252
(192) 参照 Mensch 36 & SFSE 96 note 33
(193) 男性と女性の使命、Obras 123
(194) 男性と女性の使命、Obras 125
(195) SFSE 415-416（太字は筆者による）
(196) 男性と女性の使命、Obras 125-126（太字は筆者による）
(197) この同じダイナミズムの中にエディットのもう一つの言明 が読み取れる。「エバは蛇に騙されたと言って男を罪に引き込む。男が最初に釈明をし、彼は女に罪を負わせた」。「あなたが私とともにいるようにしてくださった女が、与えたので食べました」。（創 3・12）**この釈明はまさに神への非難のように聞こえる**。同 123-124（太字は筆者による）

（198） 参照 Mensch 76、SFSE 526.
（199） SFSE 532
（200） SFSE 532-533
（201） 男性と女性の使命、Obras 124. 参照 SFSE 525-528
（202） それまでは知らなかった何かが現れ愛の深い絆が消滅した。彼らは自分たちが裸でいることに気付き恥じるようになった。彼らは自分たちの裸を隠そうとしたがそのことを引き受けたのは神であった。「主なる神はアダムと女に皮の衣を作って着せられた（創３・21）。人に欲望が芽生えそれから身を守らなければならなくなった。」男性と女性の使命、Obras 124-125.
（203） Jugendbildung im Lichte des katholischen Glaubens,en ESW XII、213-214
（204） SFSE 540
（205） SFSE 541
（206） 参照 EPH 18
（207） SFSE 541
（208） 十字架称賛、Obras 239
（209） エディット・シュタインのキリスト論の構成要素を、前述の拙書２冊に更に深く叙述している。
（210） 参照 ヨハ 14・6
（211） SFSE　534-535
（212） 同 536
（213） 同 535
（214） SFSE 537-538（太字は著者）
（215） 参照 ロマ５・12-20
（216） SFSE 533

(217) SFSE 539
(218) 同 538
(219) SFSE 542　エディットの教会論の構成要素については、拙書「エディット・シュタインによる今日の霊性」参照
(220) SFSE 542
(221) Mensch 22
(222) SFSE 539
(223) 参照　SFSE 124-130、257、369
(224) 参照 EPH 18
(225) クリスマスの神秘、Obras 390-391
(226) ESW XII，209-230
(227) ESW XII，216-217
(228) エディットにとって３方向の愛に基づいて生きることが何を意味するかについては、彼女の著書『クリスマスの神秘、Obras 380-386』で広く展開されている。この作品では神と共にあり、神と一つになり、神のみ旨を果たすことを私たちに語っている。
(229) 同 216, nota 9
(230) 同 219
(231) 東方の三博士の祭り（1942)、Obras 251-252
(232) 同 217-219
(233) ESW XII，219-220
(234) 同 220
(235) 同 220
(236) 同 220-221

五章　聖書における女性

（237）　このテーマに関しては拙書「エディット・シュタインによる今日の霊性」（ブルゴス、1998）でより教義的な特色をもって展開させている。
（238）　EA 149
（239）　男性と女性の使命、Obras 120-121
（240）　同 121
（241）　女性のキリスト的生活、Mujer 121
（242）　Jugendbildung im Lichte des katholischen Glaubens, en ESW XII, 220-221 参照
（243）　参照 男性と女性の使命、Obras 122-123
（244）　参照 女性のキリスト教的生活、Mujer 108-109
（245）　参照 女性教育の諸問題、Mujer 221
（246）　参照 女性における使命の識別 , Obras 92
（247）　SFSE 528-529
（248）　SFSE 529
（249）　参照 女性のキリスト教的生活、Mujer 122
（250）　参照 Mujer 121-122
（251）　SFSE 528-530
（252）　参照 女性教育の基礎、Mujer 140
（253）　女性の召命の定義、Obras 92
（254）　SFSE 531
（255）　女性特有の使命
（256）　SFSE 530。エディットは、この肯定個所の解釈は聖書トビト記６・17-22、同８・４ssが鍵であると記している。
（257）　男性と女性の使命、Obras 126-127
（258）　参照 女性教育の諸問題、Mujer 169
（259）　参照 女性の尊厳、Mujer 292ss

（260） 男性と女性の使命、Obras 127（太字は筆者による）
（261） 男性と女性の使命、Obras 127-128
（262） 同 128
（263） 男性と女性の使命、Obras 128-130（太字は筆者による）
（264） 参照 CC 297-298 並びに女性のキリスト教的生活、Mujer 125-126
（265） 女性のキリスト教的生活、Mujer 130-132（太字は筆者による）
（266） この同じ考え方は Jugendbildung im Lichte des katholischen Glaubens, ESW XII 219-220 にも出てきます。（太字は筆者による）
（267） ESW XII 132, 133

六章 イエスの母マリア

（268） 女性教育の諸問題、Mujer 224
（269） SFSE 553
（270） 女性教育の諸問題、Mujer 224
（271） Jugendbildung im Lichte des katholischen Glaubens,en ESW XII, 220
（272） 参照 男性と女性の使命、Obras 126-127
（273） 参照 女性教育の諸問題、Mujer 228
（274） キリストの神秘体の成員としての女性、158-159
（275） 参照 男性と女性の使命、Obras 134
（276） 参照 ESW XII 62-63
（277） 参照 クリスマスの神秘、Obras 381
（278） SFSE 541
（279） 参照 女性教育における問題、Mujer 226
（280） ミリアム修道女の初誓願、Obras 266-267

(281) 女性教育の諸問題、Mujer 224
(282) 女性の職業の本質、Mujer 32-33（聖書からの引用はエディットのものではない）
(283) ミリアム修道女の初誓願、Obras 267-268
(284) SFSE 531-532
(285) Aufgaben der Katholischen Akademikerinnen der Schweiz, en ESWV,p225 この文書は、そのコピーがエディットの手書きで見つかったために、数年の間、彼女が執筆したものであるとみなされていた。しかし後にこれは彼女の原作ではないと判断された。
(286) 参照 ご公現の祝日の時期の黙想：「クリスマスの神秘」Obras 241-255,375-391
(287) ご公現の祝日：(1942)、Obras 251. 他の言説：「飼い葉桶の周りに集まった人々の中に教会とその発展の姿を見ることができる。世の救い主が約束された古代王朝の代表と信仰ある民の代表が、古い契約と新しい契約を結びつけている。東方の三博士はユダヤから救いが届けられることになっていた異教徒を代表している。その為にここにはユダヤ教と異教徒の教会がある。この博士たちは神を求めるすべての人の代表として飼い葉桶の前にいる。見える形の教会にはまだなっていなかったが、恩寵は既に与えられていた。彼らには、教義と伝承のはざまに置かれたままではなく、真理に近づきたいという純粋な望みがあった。神は真理であり、心を尽して神を求めるすべての人に見いだされることを望まれておられる。遅かれ早かれ、神はこの三賢者に星を照らし、真理への道を示さなければならなかった。そのよう

にして彼らは受肉された真理の前に跪き、王冠を足元に置き、深く礼拝する。この真理に比べれば世の宝など塵でしかない。この博士たちは私たちにとっても特別な意味がある。見える形の教会に属していても、受け継がれてきた概念や習慣の限界を乗り越える必要性をしばしば感じる。私たちは既に神の存在をわかってはいても、神は新たな方法で、出会うのを望んでおられることを感じている。それゆえ私たちにまっすぐな道を示してくれる星を探そうとしていた。この星が私たちを召命の恵みに与らせた」。隠れた生活とご公現 Obras 243-244

(288) 教会の祈り、Obras 404

(289) 女性の職業の本質、Mujer 37

(290) 十字架による祈り Obras 239 ピエタに関してのエディットの見解については以下を参照のこと：Juxta Crucem tecum stare! Obras 594-595; 1935年4月28日付手紙、Cartas 223-224

(291) 教会の祈り　Obras 403

(292) シュタイン的マリア学の補足として拙書「エディット・シュタインによる現代の精神性」、Burgos 1998を引用。

七章　歴史的観点からの聖書の解釈

(293) 1918年2月19日付手紙、ローマン・インガルデン宛手紙集。EDE Madrid 1998, P.74

(294) 参照 SFSE 47

(295) 参照 Mensch 37-38

(296) 参照 CC 77

(297) このテーマについては、「エディット・シュタイン」:霊性の模範であり師を参照。Burgos 1997.
(298) 参照 マコ8・35-38、ルカ9・2-26
(299) 1938年12月9日付の手紙、Cartas 321-322
(300) 参照 CC 77
(301) 参照 女性のキリスト教的生活
(302) 参照 Zum Kamof um den katholischen Lehrer, ESW XII, ここではエディットは聖書について言及はしないが、間接的にキリストの神秘体のパウロの象徴学とぶどうとぶどうの蔓の福音の象徴学に関連付けている。
(303) 十字架称賛 1939/9/14, Obras 224
(304) 小羊の婚礼、Obras 232-233
(305) 同233、ここでは中でもヨハネの黙示録22・17が響く:「"霊"と花嫁とが言う。『来てください』これを聞くものも言うがよい、『来てください』と。渇いている者は来るがよい。命の水が欲しい者は、価なしに飲むがよい。」
(306) 1938年10月31日の手紙、Cartas 317
(307) 夜に交わす対話、Obras 576
(308) 1938年10月31日付手紙、Cartas 317
(309) 夜に交わす対話、Obras 578
(310) 1938年10月31日付手紙、Cartas 317
(311) 夜に交わす対話、Obras 576
(312) 参照 王妃エステルが王の前でとりなしを願う前の行動。エス4・5
(313) 十字架称賛、Obras 224
(314) 夜に交わす対話
(315) 1939年3月26日付手紙、Cartas p.133

(316) 参照 エステルの祈り、エス ギリシャ語 C・12以下
(317) 夜に交わす対話、Obras 577
(318) ヒットラーを指す
(319) 夜に交わす対話、Obras 577
(320) 同上
(321) 同 581
(322) 1941年のご公現の祝日に、Obras 249（太線は筆者による）
(323) この記述を黙示録12章17節と比較してみると、「その子孫の残りの者たち、すなわち、神の掟を守り、イエスの証を守り通している者たちと戦おうとして出ていった。」
(324) 十字架称賛、Obras 221-223
(325) エディットは、キリスト、十字架、小羊といった用語を区別なく使っている。彼女は、小羊は誰であるかと、自問自答している。「わたしはまた、玉座と四つの生き物の間、長老たちの間に、屠られたような小羊が立っているのを見た…」（黙5・6）。パトモスの預言者がその顔を見たとき、ヨルダン川のほとりで、洗礼者ヨハネが「世の罪を取り除く神の小羊だ」（ヨハ1・29）とイエスを指し示したあの日の忘れがたい記憶が、彼の中にまだ鮮明に残っていた。その時に彼はこの言葉を理解し、今はこの黙示を理解した。ヨルダン川のほとりを歩いていたお方と、今、白い衣を着て、まるで燃え盛る炎のような目をして、裁き主の剣を持って、「最初の者にして最後の者」が彼の前に現れた（黙1・17）。そのお方は旧約の祭儀が象徴していたものを、実際に成し遂げてくださった。一年で最も偉大で神聖な日に、

大祭司が至聖所へ入り、神の臨在の神聖な場所に入るが、あらかじめ用意した二頭の雄山羊をひいてこさせ、一頭は民族の罪責を背負わせて荒野に追いやるために、もう一頭はその血を幕屋の天幕と契約の箱に振りかけるために（レビ 16 章）。小羊の婚礼、Obras 225-226。

(326) 小羊の婚礼、Obras 233
(327) 十字架称賛
(328) 小羊の婚礼、Obras 228、参照：黙 14・4－5．13
(329) 十字架への愛、Obras 257
(330) 参照 黙８・２－５
(331) 十字架への愛、Obras 257-258
(332) クリスマスの神秘、Obras 377-378
(333) 小羊の婚礼、Obras 227-228
(334) 隠れた生活とご公現、Obras 242-243
(335) 小羊の婚礼、Obras 228-229
(336) 同 225
(337) 小羊の婚礼、Obras 229

《フランシスコ・ハビエル・サンチョ・フェルミン ocd
(Francisco Javier Sancho Fermín, ocd)》
洗足カルメル会士（司祭）、神学博士（専門：霊性神学）
【略歴】スペイン、イタリア、ドイツにて神学を収め、ローマのカルメル会国際神学院テレジアヌムにて神学博士号を取得（博士論文：エディット・シュタインの霊性）、同神学院教授。聖テレサ・聖ヨハネ国際センター（CITeS）の所長を25年間務め、アビラ神秘大學並びに同大学の神秘・人間学大学院を共同設立する。同センター、大学、大学院教授。
【現奉仕職】アビラの神秘大学教授、ブルゴス大学神学部教授、マドリードのヨハネ・パウロ2世教皇庁家族科学学院教授、バルセロナのラモン・リュイ大学異文化霊性大学院教授。神秘学、霊性について生涯を捧げ研究し、ヨーロッパ各国、アメリカ、中南米、日本などの諸外国で講演活動、執筆活動、黙想指導などに携わっている。
【著書】エディット・シュタインについての研究（多数）
カルメルの霊性、神秘学についての考察（多数）
この著作の内の何冊かは様々な言語に翻訳されている。
また、世界各地で霊性についての講座や講演を行っている。

エディット・シュタインと読む聖書
女性の観点からみ言葉を聞く鍵

フランシスコ・ハビエル・サンチョ・フェルミン ocd 著
伊達カルメル会 訳

2023年10月15日　第1刷発行

発　行　者●谷崎新一郎
発　行　所●聖母の騎士社
〒850-0012 長崎市本河内2-2-1
TEL 095-824-2080/FAX 095-823-5340
E-mail: info@seibonokishi-sha.or.jp
http://www.seibonokishi-sha.or.jp/

校正・組版●聖母の騎士社
印刷・製本●大日本法令印刷株式会社
Printed in Japan
落丁本・乱丁本は小社あてにお送りください。送料は小社負担にてお取り替えします。
ISBN978-4-88216-386-2 C0116

聖　母　文　庫

地上の天国
三位一体のエリザベットの秘密

フランシスコ・ハビエル・サンチョ・フェルミン＝著　西宮カルメル会＝訳

私たちの信仰が本物であり、役に立ち、生きていると感じられるように、エリザベットのメッセージが信仰を活性化する助けとなるように願っています。

価格５００円（税別）

イエスの聖テレサと共に祈る

フランシスコ・ハビエル・サンチョ・フェルミン＝著　伊達カルメル会＝訳

祈りの普遍の師であるイエスの聖テレサの遺産が、深い精神的根源に力を与え、豊かにするための助けとなり得ると確信します。（著者より）

価格５００円（税別）

漂泊の果て

水浦久之

長崎は、日本で最もキリスト教の色彩を色濃く残している土地だ。この地ならではの題材を料理した小説とエッセイ集。芥川賞作家も書けない信仰物語。

価格６００円（税別）

道徳の断章

ホアン・マシア

現代の忘れ物にはいろいろあるが、その一つは「道徳」だ。本書は１０１の短い話を通して、道徳を見直し、考えさせてくれる。

価格５００円（税別）

ホイヴェルス神父―信仰と思想

土居健郎・森田　明＝編

カトリック司祭として、大学教授・学長として、劇作家として、日本の宣教にささげ尽くした53年の軌跡をたどる。

価格５００円（税別）

聖母文庫

草野純英
人生の歩み
カトリックの教えQアンドA

カトリックの教えを、問答形式で簡潔に分かりやすく説明する。信仰を見直したい人、キリスト教を知りたい人におすすめしたい。

価格500円（税別）

小平卓保
聖書散歩

永遠のベストセラー「聖書」には汲めども尽きない教えがある。しかし案内書がなければ、よく分からないのも聖書だ。本書が聖書の面白さを教えてくれる。

価格800円（税別）

稲垣武一
日本文化とキリストの福音
求道者の魂の軌跡

「本を読み進んでいくうちに、言葉を超えた驚くほど澄んだ魂の響きに深い感動を覚えました。まばゆいほどの霊の光に打たれてしまいました」（序文より）価格1100円（税別）

エンリケ・モナステリオ＝著　フェルナンド・アカソ＝訳
神の造った馬小屋
〈付録〉フェルナンド・アカソ著「マリアとヨセフの恋物語」


ファンタジーと神学が織りなすクリスマス物語。天地創造の中心は馬小屋で生まれるキリストにあった。

価格500円（税別）

聖母の騎士編集部＝編
縁について
月刊「聖母の騎士」巻頭エッセイ集(1)

枢機卿、作家、彫刻家、将棋棋士、オペラ歌手、女優、映画監督、写真家、ノーベル賞受賞科学者、作曲家、新聞記者、司教、神父、修道女、大学教授、画家、僧侶、評論家、アナウンサーなど…各界の144人の珠玉のエッセイを収録。

価格500円（税別）

聖母文庫

草野純英
聖書一口メモ
聖書を読んで浮かんだ素直な感性を、簡潔に綴った名言集。200句の一つ一つに解説をつけ、短い祈りでしめくくる。

価格500円(税別)

坂倉 圭
マザーテレサ「死の場面」
福音的センスの理解のために
インドに何度も足を運び、マザーテレサを間近に見ながら「死を待つ人の家」で生活した…筆者は、何を見、何を感じたのか。
価格600円(税別)

木鎌安雄=訳
教皇ヨハネ・パウロ2世の詩
黙想 ローマ三部作
神とは誰か。神は創造主。はじめあるがごとく絶えず無からすべてが実在するように呼びかけ、それを抱きかかえている。(教皇の詩)
価格500円(税別)

岩本信夫
中国における外国人宣教師の殉教
中華殉教聖人伝
2000年10月1日に聖人に列せられた中国で殉教した33人の外国人宣教師の横顔。祖国を追われた中国人神父が病苦をおして完成させた初の邦訳。
価格800円(税別)

荒木関 巧
親と子の初聖体
子どもたちに教理を教えるための副読本
キリストの「御聖体」を初めていただく子どもたちに、祈り、ミサ、秘跡について分かりやすく教えるガイドブック!! 子供が楽しめる「ぬりえ」付き。
価格500円(税別)

聖母文庫

水浦久之
金鍔次兵衛物語

徳川幕府のキリシタン弾圧の時代、マカオに追放され、フィリピンで司祭に叙階され、武士に変装して長崎に潜入した金鍔神父の数奇に満ちた人生を描く。　価格500円（税別）

田中浩三
病床の讃歌

難病のベーチェット病で視力を失い右半身マヒの著者がテープに吹き込んで綴った実話小説。逆境にあっても耐え抜く不屈の病人の物語。　価格800円（税別）

伊従信子
神はわたしのうちに　わたしは神のうちに
三位一体のエリザベットとともに生きる

わたしの一生に太陽がさんさんと注いでいたのは「心の深みに住まわれる神」と親しくしていたからでした。　価格500円（税別）

ホアン・マシア
イエスと共に
入門講座ノート

このノートを貫いている唯一のテーマは、「イエスと共に」人生を歩むということです。　価格500円（税別）

小崎登明
信仰の出会い旅

人生は、「出会いの旅」である。カトリック修道士が出会った、忘れがたい人々の信仰と人生を描く。　価格500円（税別）

聖母文庫

高橋テレサ＝訳　鈴木宣明＝監修
アビラの聖女テレサ「神の憐れみの人生」(上・下)

16世紀の聖テレサが自叙伝をとおして21世紀の私たちに語りかける。神の愛のうちに生きる喜びと幸せを。

価格800円(税別)

平田栄一
心の琴線に触れるイエス
井上洋治神父の言葉に出会う

日本人の感性に合った信仰を求め続けてきた井上洋治神父の言葉を、著者の体験を交えながら解説。初めての井上神学案内書。

価格500円(税別)

ホセ・ヨンパルト
知恵・ユーモア・愛

「知恵は勉強するだけでは得られないものです。ユーモアは、悩んでいる時の痛み止めです。愛を知りたいなら…、十字架上のキリストを見てください。」

価格500円(税別)

森内俊雄
福音書を読む
イエスの生涯

「福音書をたびたび読むということは、イエス・キリストと出会い、親しく交わりを深めていくことである」

価格500円(税別)

宮脇白夜＝訳
現代語訳　## ドチリイナ・キリシタン
キリシタンの教え

400年前に長崎で編纂され、印刷された古典的名著の初の現代語訳。キリシタンたちが学んだ福音を読み易い対話で再現した。

価格500円(税別)

聖母文庫

鈴木二郎
アッシジのフランチェスコ考
SAINT FRANCIS OF ASSISI

異色の研究者が、深い尊崇と愛をこめ、英国系資料を駆使した独自の視点から迫る聖フランチェスコの人間像。

価格500円(税別)

伊東和子・五百旗頭明子=共訳
トマス・マートン「アジア日記」

トラピスト修道士マートンのアジア日記。タイ、インド、スリランカなど、2ヶ月足らずの間に触れたアジアの人々の文化、宗教を温かい目で見つめたアジア紀行。

価格800円(税別)

メルセデス・バロン=編　厳律シトー会那須の聖母修道院=訳
福者ラファエルの書簡と霊的思索

苦しみは自分のために、喜びは周りの人びとのために。人びとの幸福を探し、神の試練には、悲しそうな顔を見せない。

価格1300円(税別)

小坂井　澄
お告げのマリア
長崎・女部屋の修道女たち

長崎県各地に点在する、カトリック女子修道会「女部屋」を訪ね、克明に記録したルポタージュ。日本に根付いた女子修道会の全貌をあますことなく描き出す。

価格800円(税別)

ホセ・ヨンパルト
死刑――どうして廃止すべきなのか

世界の潮流は「死刑廃止」に向かっている。しかし、日本は国民の多数の支持で続いている。カトリック司祭の法学者が、日本の死刑制度に疑問を投げかける。

価格500円(税別)

聖母文庫

聖書の中の家族
トビト記を読む
小澤悦子

「旧約聖書続編」の最初に掲載されている「トビト記」を通して、神と家族との関係を考える物語。

価格500円(税別)

親と子の旧約聖書
佐伯教会学校＝編

本書は、大人にも子どもにも分かるように、「聖書」を解説している。バラエティーに富む「旧約聖書」の宝庫から、人生の指針を汲み取ろう。

価格1300円(税別)

テイヤール・ド・シャルダン
竹田誠二

人類学者、古生物学者、哲学者、神学者、探検家、詩人、さまざまな顔を持つ、カトリック司祭の生涯と思想を紹介する。

価格500円(税別)

あの笑顔が甦った
シエラレオネ支援で起きた愛の奇跡
佐藤正明・根岸美智子＝共編共著

西アフリカの小国シエラレオネの子どもたちの教育に取り組む日本人シスターと、支援するサポーターの心あたたまる物語。

価格1000円(税別)

イエス・キリストの生涯
ホアン・カトレット＝著・絵　高橋敦子＝訳

私が見たい、感じたい、祈りたいと思うイエス・キリストを書かせていただいた。ここの登場人物像や景色は…私の心に住みついている映像である。

価格800円(税別)

聖母文庫

カトリック鶴崎教会学校＝編
親と子の新約聖書

豊後には大友宗麟の模範にならい多くのキリスト教信者が誕生し、徳川時代には殉教者も出た。３００年余りの時を越えてこの地から生まれた聖書案内書。

価格６００円（税別）

Sr．マルガリタ・ヴァラピラ＝著　ゲスマン和歌子＝訳
イエスは今日も生きておられる

インド人シスターが「聖霊による刷新」との出会いと「新しい福音宣教」の展開をあかした書。

価格１０００円（税別）

小澤悦子
生活の中に降られる神
シエナの聖カタリナをとおして

歴史の中に姿を現わしたサタン。魂の戦いの中で見えてくる愛と希望の神の現存への賛歌。

価格５００円（税別）

木鎌耕一郎
津軽のマリア川村郁

１９５０年代、青森県津軽地方、八甲田山麓の開拓地で、教育から見放された子どもたちに生涯をささげた若い女性がいた。これはもう一人の「蟻の町のマリア」、川村郁の物語である。

価格５００円（税別）

ペトロ・ネメシエギ
イエスと…

イエスとさまざまな「人」や「もの」との関係を発見し、私たちの救い主イエスをもっとよく知りましょう。

価格５００円（税別）

聖母文庫

帰天していよいよ光彩を放つ 勇者のスピリット
平和の使者W・メレル・ヴォーリズの信仰と生涯
木村 晟

信仰に基づく「勇者」であるか否かを決する尺度は、その人の死後の評価に表れると、私は思っている。(「プロローグ」より)

価格800円(税別)

聖フランシスコと聖クララの理想
ラザロ・イリアルテ=著　大野幹夫=訳

聖フランシスコと聖クララの霊性が、現代社会が抱えている諸問題、特に「愛」、「平和」、「環境」などの問題に、希望の光となると信じています。

価格1300円(税別)

萬里無影
中島万利神父追悼集
高木正剛=編

キリスト信者として、司祭としてたくましく生きられた中島神父様のことが、多くの方々に知られ後世に語り継がれるための一助となれば幸いだと思います。(髙見三明大司教)

価格500円(税別)

シリル・ジョン=著
日本カトリック聖霊による刷新全国委員会=監訳

聖霊に駆り立てられて

国際カトリック・カリスマ刷新奉仕会評議会のメンバーであり、最も影響力のあるシリル・ジョン神父が、カリスマ刷新の重要性を力強く解説した一冊。

価格600円(税別)

カトリック鶴崎教会学校=編

親と子の信仰宣言

「初聖体」「旧約聖書」「新約聖書」に続く親と子シリーズの第4弾！公教要理のようなスタイルで、カトリック信仰を親子で学びましょう。

価格600円(税別)

聖母文庫

聖書を読む
トマス・マートン＝著
マリア・ルイサ・ロペス＝監修　塩野崎佳子＝訳

神の言葉とは何か。聖書とは一体どのような本なのか…その問いに迫るトラピスト会司祭マートンの、成熟した神学とユーモアに触れられる一冊。価格500円（税別）

長崎のコルベ神父
小崎登明

コルベ神父の長崎滞在時代を数々のエピソードで綴る聖母の騎士物語。（初版復刻版）価格800円（税別）

神への讃歌
木村　晟
ヴォーリズと満喜子の祈りと実践の記

W・メレル・ヴォーリズが紡いだ讃歌の言葉から浮かび上がる篤い信仰を見つめながら、宣教・教育活動を振りかえる。価格800円（税別）

私のキリシタン史
安部明郎
人と物との出会いを通して

人間には、そのために死んでもいいというような向があるときにこそ、喜んで生きることができる。キリシタンたちに、それがあったのだ。（ペトロ・ネメシェギ）価格800円（税別）

教皇訪日物語
水浦征男

第1章「教皇訪日物語」
第2章「そごう百貨店の大ヴァチカン展」
他を収録。価格500円（税別）

聖母文庫

場﨑 洋

キリスト教 小噺・ジョーク集

この書で紹介するものは実際に宣教師から聞いたジョークを集めて綴ったものですが、それ以外にも日本で生まれたジョークや笑い話、小噺を載せてみました。

価格６００円（税別）

場﨑 洋

イエスのたとえ話

私たちへの問いかけ

歴史的事例や人物、詩などを取り上げながら私たちが生きている現代社会へ問い掛けているイエスのメッセージに耳を傾けていきたいと思います。

価格８００円（税別）

森本 繁

ルイス・デ・アルメイダ

本書は、アルメイダの苦難に満ちた医療と伝道のあとを辿り、ルイス・フロイスとの友情や、さまざまな人たちとの人間的な交流を綴ったものである。

価格６００円（税別）

ホセ・ヨンパルト

「笑う」と「考える」・「考える」と「笑う」

人間は笑うだけでは幸せになれませんが、考えることによって幸せになることができます。

価格５００円（税別）

ルイス・カンガス

イエス伝

イエスよ、あなたはだれですか

男も女も彼のために、全てをささげ命さえ捧げました。この不思議なイエス・キリストとはどのような方でしょうか。

価格１０００円（税別）

聖母文庫

ミゲル・スアレス

キリスト者であることの喜び

現代教会についての識別と証しの書

第二バチカン公会議に従って刷新された教会からもたらされる喜びに出会いましょう。

価格800円(税別)

水浦征男

この人

月刊「聖母の騎士」に掲載されたコラム(「スポット・ライト」、「この人」)より1970年代から1980年代にかけて掲載された人物を紹介する。

価格800円(税別)

木村 晟

すべては主の御手に委ねて

ヴォーリズと満喜子の信仰と自由

キリスト者達は皆、真理を実践して真の自由を手にしている。近江兄弟社学園の創設者ヴォーリズと妻満喜子も、平和を愛する信仰の勇者なのであった。

価格1000円(税別)

森本 繁

南蛮キリシタン女医 明石レジーナ

江戸時代初期に南蛮医学に情熱を燃やし、外科治療に献身した女性が存在した。実証歴史作家が描くレジーナ明石亜矢の物語。

価格800円(税別)

伊従信子=編著

わたしは神をみたい いのりの道をゆく

マリー=ユジェーヌ神父とともに

マリー=ユジェーヌ神父は、神が、多くの人々を神との一致にまで導くように、自分を召されたことを自覚していました。

価格600円(税別)

聖母文庫

高橋テレサ＝編著　鈴木宣明＝監修
アビラの聖女テレサと家族
離れがたい結びつきは夫婦・血縁に限ったことではない。縁あって交わることのできた一人一人との絆が大切なのである。それを私は家族と呼びたい。価格500円(税別)

レジーヌ・ペルヌー＝著　門脇輝夫＝訳
現代に響く声　
ビンゲンのヒルデガルト
12世紀の預言者修道女
音楽、医学他多様な才能に恵まれたヒルデガルト。本書は、読者が著者と同じく彼女に惹かれ、親しみを持てるような研究に取り組むものである。価格800円(税別)

崎濱宏美
石蕗の詩（つわぶきのうた）
叙階25周年を迎えた著者は、長崎県五島生まれ。著者が係わりを持った方々への感謝を込め、故郷から現在に至る体験をエッセイや詩で綴る。価格500円(税別)

ボグスワフ・ノヴァク
真の愛への道
人間の癒しの源であるキリストの受難と復活
名古屋・南山教会主任を務める神言会のポーランド人司祭が著した愛についての考察。愛をまっとうされたイエスの姿から、人間の愛し方を問う。価格500円(税別)

水浦久之
愛の騎士道
長崎で上演されたコルベ神父物語をはじめ、大浦天主堂での奇跡的出会いを描いたシナリオが甦る。在世フランシスコ会の機関誌に寄せたエッセイも収録。価格600円(税別)

聖母文庫

水浦征男
教皇ヨハネ・パウロ物語
「聖母の騎士」誌22記事再録

教皇ヨハネ・パウロ一世は、あっという間に姿を消されたため、その印象は一般にあまり残っていない。わずかな思い出を、本書の記事で辿っていただければ幸いである。価格500円（税別）

ジョン・A・シュグ＝著　甲斐睦興＝訳　木鎌安雄＝監訳
ピオ神父の生涯

2002年に聖人の位にあげられたカプチン会司祭ピオ神父は、主イエスの傷と同じ五つの聖痕を持っていた。神秘に満ちた生涯を文庫サイズで紹介。価格800円（税別）

ハビエル・ガラルダ
こころのティースプーン（上）
ガラルダ神父の教話集

東京・雙葉学園の保護者に向けてガラルダ神父がされた講話をまとめました。心の底に沈んでいる「よいもの」をかき回して、生き方に溢れ出しましょう。価格600円（税別）

ハビエル・ガラルダ
こころのティースプーン（下）
ガラルダ神父の教話集

イエズス会司祭ガラルダ神父が雙葉学園の保護者に向けて語られた講演録第二弾。心の底に沈んでいる「よいもの」をかき回して、喜びに満ちた生活へ。価格600円（税別）

田端美恵子
八十路の春

八十路を歩む一老女が、人生の峠に立って永久に広がる光の世界を見つめ、多くの人が神の愛に目覚めてくれることを願いつつ、祈りを尽くして綴った随想。価格500円（税別）

聖母文庫

高山右近の生涯
日本初期キリスト教史

ヨハネス・ラウレス＝著　溝部脩＝監修　やなぎやけいこ＝現代語訳

溝部脩司教様が30余年かけて完成させた右近の列聖申請書。この底本となった「高山右近の生涯―日本初期キリスト教史―」を現代語訳版で発刊。価格1000円(税別)

十字架の聖ヨハネのひかりの道をゆく
福者マリー＝ユジェーヌ神父に導かれて

伊従信子＝編・訳

マリー＝ユジェーヌ神父が十字架の聖ヨハネを生き、体験し、確認した教えなのです。ですから、十六世紀の十字架の聖ヨハネの教えは現代の人々にも十分適応されます。価格500円(税別)

風花の丘（かざばなのおか）

﨑濵宏美

春が訪れ夏が近づく頃まで、十字架の上でさらされた26人でありましたが、彼らの魂は……白く光る雪よりさらに美しく輝いて天の故郷へ帰っていったのであります。価格500円(税別)

教会だより
カトリック仁川教会報に綴った8年間

水浦征男

ここに収めた「教会だより」は兵庫県西宮市のカトリック仁川教会報「タウ」の巻頭に2009年4月から2017年3月まで掲載されたエッセイです。価格600円(税別)

母であるわたしがここに居るではありませんか

田端美恵子

様々な思い出に彩られて歩んできた現世の旅路は、すべて恵みであり感謝に変わっています。…八十路を超えた著者が綴る、愛に生きることの幸せを噛み締めるエッセイ。価格500円(税別)